マルクス『資本論』の視点で

21世紀世界経済危機の深部を探る

工藤 晃

編集責任／宮川 彰

かもがわ出版

まえがき 1

講演録 21世紀の世界的経済危機を考える
工藤 晃　　2016年4月9日、東京都内での講演 5

はじめに 6
 (1) まず『資本論』の構成と歴史的前提 6
 (2) 一国の貿易収支は結局は均衡するという命題 7
 (3) 社会的総資本の再生産と流通 7

1. IMF体制崩壊後の米国貿易収支赤字の累積的拡大 9
 (1) この異常な状況の原因—その1 9
 (2) 原因—その2 10

2. 国際金融資本の史上最大の金融バブル崩壊から始まった史上最大の経済危機 15

3. 今日の世界経済危機の全体像 16

4. 90年代〜21世紀の世界資本主義の構造的大変化として注目されること——「国家の形態でのブルジョア社会の総括」(マルクス)形態がくずれはじめた 18

5. 90年代〜21世紀の世界資本主義の構造的大変化を『資本論』の視点から見ると、資本主義的生産様式の終末期的現象がかつてなく大きく 22

マルクス『資本論』の視点で

21世紀世界経済危機の深部を探る

工藤 晃

編集責任／宮川 彰

かもがわ出版

まえがき

　マルクスが明示している『資本論』の「基本的な性格」にてらして見ると、21世紀のグローバリゼーションをすすめる世界資本主義は、その大きな構造的変化により、その前提条件から大きくはずれたところがある。

　それにもかかわらず、『資本論』の第Ⅰ部、第Ⅱ部、第Ⅲ部の理論的展開の流れから、それらを視点として今日の新しい段階における新しい諸現象を追跡することができる。その一つの点は、あきらかに資本主義的生産様式の終末期をあらわすことである。

　さらに、レーニン『帝国主義論』の視点から見ると、21世紀に入り、これまでの帝国主義的支配の急速な崩壊とあわせて、旧帝国主義諸勢力がなおさまざまな力を及ぼしており、歴史的残存物の断片が各所に根強く残っている。

　本書は以上の視点に立って書かれた。マルクスの『資本論』の視点と、21世紀世界資本主義の現状分析とを、本書で結びつけようとしている。その点では、前著『今日の世界資本主義と「資本論」の視点』（2014年12月）を引き継ぐものでもある。

2016年10月
工藤　晃

マルクス『資本論』の見地から21世紀の世界資本主義を考える　目次

まえがき ———————————————————————————————— 1

講演録 21世紀の世界的経済危機を考える
工藤　晃　　　2016年4月9日、東京都内での講演 ——————— 5

はじめに ———————————————————————————————— 6
⑴ まず『資本論』の構成と歴史的前提 ————————————— 6
⑵ 一国の貿易収支は結局は均衡するという命題 ——————— 7
⑶ 社会的総資本の再生産と流通 ————————————————— 7

1. IMF体制崩壊後の米国貿易収支赤字の累積的拡大 ————— 9
   ⑴ この異常な状況の原因―その１ ——————————————— 9
   ⑵ 原因―その２ ———————————————————————————— 10

2. 国際金融資本の史上最大の金融バブル崩壊から始まった史上最大の経済危機 ———————————————————————————— 15

3. 今日の世界経済危機の全体像 ———————————————————— 16

4. 90年代〜21世紀の世界資本主義の構造的大変化として注目されること――「国家の形態でのブルジョア社会の総括」（マルクス）形態がくずれはじめた ———————————————————— 18

5. 90年代〜21世紀の世界資本主義の構造的大変化を『資本論』の視点から見ると、資本主義的生産様式の終末期的現象がかつてなく大きく ———————————————————————————— 22

(1) 資本は剰余価値を生み、剰余価値は資本を生む。資本主義的生産の発展は資本蓄積を内包する ……………………………………………… 22

(2) 資本主義的生産の最新の発展段階において、生産諸力の絶対的発展の傾向から、今日次のような事柄に直面するようになった ………… 22

(3) 資本主義的生産に内在する矛盾(生産諸力の絶対的発展の傾向と現存資本がその内部で運動しなければならないところの社会的関係との矛盾)から「生産の内在的な束縛と制限をつくりだすが、この束縛と制限は信用制度によって常に突破される」……………………………… 23

(4) 米国をはじめ、先進諸国の独占資本、金融資本が世界経済のグローバル化をおしすすめた。「国家の形態でのブルジョア社会の総括」(マルクス)をつきくずしてゆき、自国の雇用を空洞化させ、税収入を空洞化させてゆくようになった。さらに、かれらは、世界のどこからも規制をうけることなく、オフショアにおいて巨利をかせぐようになった結果として、史上最大の世界経済危機を発生させた ……………………… 24

6. 現代帝国主義も終末期的になってきたようだが、中東、アフリカではまだ先が見えない ……………………………………………………… 25

終わりに——われわれにとっての課題 ……………………………………… 28

(1) TNCsのグローバル支配の強まりにともなう自国の雇用への有害な影響 ………………………………………………………………………… 29

(2) 「生産諸力の絶対的発展への傾向」(マルクス)の今日的現われと、雇用不安定化 ……………………………………………………………… 29

(3) 「生産に科学的性質を与えることが資本の傾向、直接的労働はこの過程の単なる一契機になるにすぎない」——マルクスの指摘 ……… 30

補遺 ……………………………………………………………………………… 33

【講演の質疑応答】 ………………………………………………………… 36

工藤晃講演／解題 要所キーワードを読み解く　宮川彰 ———— 47

　1.工藤所説の構想のみなもと——資本論プランの「世界市場と諸恐慌」 48
　2.「一国の貿易収支は均衡する」という命題 ———— 50
　3.恐慌の二重の意義、セー命題をよみがえらせる ———— 52
　4.資本循環論・再生産論の視点—— $G-[G-W\cdots P\cdots W'-G']-G'$ 56
　むすびに——「資本は生産を支配する形態として自己の解体に従事している」———— 61

研究ノート (2015.3.31〜2016.4.19) ———— 65

工藤晃「研究ノート」／解題 思索沸き立つ厨房に立ち会う　宮川彰 ———— 66

A 『資本論』、草稿集 ———— 73
B 方法論　アリストテレス、ヘーゲル、レーニン ———— 85
C 世界資本主義経済の構造的変化 ———— 135
D 中東・アフリカ問題 ———— 179

　研究ノート、作業方針について（編集部）———— 220
　著者略歴 ———— 222

　※マルクス『資本論』の引用は、基本的に新日本出版社の上製版『資本論』により、巻数をⅠa、Ⅱ、Ⅲbなどと記した。
　翻訳された文献の引用においては、一部訳文を修正したり、読みやすさを考えて改行を加えたりした。

装丁・組版　加門啓子

講演録

21世紀の
世界的経済危機を
考える

工藤 晃

(2016年4月9日、東京都内での講演)

現在の世界的経済危機を考えるにあたって、20世紀末から21世紀初頭にかけて世界経済が構造的にどのような変化を生じてきたのか、その全体像を前提に考えることが必要であり、そのための問題提起としたい。

はじめに

(1) まず『資本論』の構成と歴史的前提

　「経済学批判要綱」(1857-58年)への序説では、マルクスは5つの篇による構成プランを構想した。
1. 一般的な抽象的な諸規定
2. ブルジョア社会の内部編成をなし、また基本的諸階級の基礎をなしている諸カテゴリー、資本、賃労働、土地所有
3. 国家の形態でのブルジョア社会の総括
4. 生産の国際的関係、国際的分業、輸出入、為替相場
5. 世界市場と諸恐慌

　しかし、マルクスは、『資本論』第3部第7篇で『資本論』の基本的性格について、「ただ資本主義的生産様式の内部組織（内的構造）のみを、いわばその理念的平均において叙述すること」（邦訳、新日本出版社上製版『資本論』Ⅲb p.1460、ドイツ語MEW版S.839）であるとしている。
　こうして、最初のプランの第3篇以下にかんする問題は、部分的に論じられてはいるが、独立した篇としての叙述はない。

　——以下、最初のプランの「4. 生産の国際的関係、国際的分業、輸出入、為替相場」に関する問題でマルクスは、次のようなことを述べている。——

(2) 一国の貿易収支は結局は均衡するという命題

『資本論』第3部第5篇第32章で、以下のとおり。

「すべての経済学者によって次の命題、すなわち、一国の貿易差額は結局は均衡するはずであるにもかかわらず、支払差額はその国によって順または逆でありうるという命題のなかで承認されている。支払差額が貿易差額と区別されるのは、それが一定の時期に支払期限のくる貿易差額であるということによってである。

さて、恐慌が引き起こすのは、それが支払差額と貿易差額とのあいだの〔期限の〕差を短期間へと圧縮するということである。」（『資本論』訳Ⅲb p.901、902、S.533）

(3) 社会的総資本の再生産と流通

Ⅰ．マルクスは、個別資本の運動と社会的総資本の運動との関連について以下のことを明らかにしている。（第2部第3篇、訳Ⅱ p.561～564、S.351～354）

第1、個別諸資本の循環は、互いの中に入って結びつき、互いに前提し合い、条件づけ合っており、このような結びつきにおいて社会的総資本の運動を形成する。

第2、個別諸資本は社会的総資本の自立化した断片をなすにすぎず、社会的総資本の循環（再生産と流通）、その運動により条件づけられていることからも、資本がその内部でのみ運動しうる諸制限がつくられていることを意味している。

ところで、社会的総資本の再生産と流通は、個別諸資本の循環のほかに、資本家階級と労働者階級の個人的消費が含まれる。そして、労働者階級の個人的消費がその主要な構成部分である。

マルクスは、この点について、次のようにものべている。

「年生産物は、社会的生産物のうち、資本を補填する部分（社会的再生産）を含むとともに、消費元本にはいりこんで労働者と資本家によって消費される部分をも含む。したがって、生産的消費と個人的消費の両者を包括する。この消費は、資本家階級と労働者階級との再生産（すなわち維持）を含み、それゆえまた総生産過程の資本主義的性格の再生産をも含む。」（訳Ⅱ p.629,630、S.391）

こうして、資本にとって国内市場の大きさは、労働者の消費の総量如何によって制約をうけることになっている。※

$$\left[\begin{array}{l} 生産手段部門\quad Ⅰ \quad xC+yV+ym \quad =Z \\ 消費手段部門\quad Ⅱ \quad x'C+y'V+y'm \quad =Z' \\ 社会的総生産物\quad =\quad Ⅰ+Ⅱ=Z+Z' \end{array}\right]$$

※定式の略記号：C＝不変資本、V＝可変資本、m＝剰余価値、Z＝商品生産物の集計

Ⅱ．マルクスは、第3部「第3篇 資本主義の発達における一般的利潤率の傾向的低下の法則」では、資本主義的蓄積の過程を総体としてみれば、利潤率の低下と利潤総量の増大との二面的進行であることを明らかにしている。また、「いずれにせよ、賃労働者の総数がその相対的減少にもかかわらず絶対的に増加するということは、資本主義的生産様式の必要であるにすぎない。」とのべている。（訳Ⅲa p.446、S.274）

このように、社会的総資本にとって、利潤の総量の増大は、賃労働者数の増大によって条件付けられているし、他方、総生産物の販売により実現される利潤総額も、賃労働者の消費総額によって条件付けられている。

ところで、以上のべたような関連（かりに"一国資本主義的関連"とよぶ）が、今日の世界資本主義において、どのようになっているのか、が次の問題である。まず米国についてそれを見よう。

1. IMF体制崩壊後の米国貿易収支赤字の累積的拡大

　米国の経常収支赤字は、図1（「アメリカをむしばむ経常収支赤字の急拡大」11ページ参照）のように、70年代後半にあらわれ、1985年のプラザ合意を境にして、80年代、90年代、2000年代へと、急増へ向かった。マルクスが提示した命題──「一国の貿易収支は結局は均衡する」時代とは、まるでかけ離れている。

(1) この異常な状況の原因─その1

　マルクスが明らかにした生産・資本の集積・集中、それは独占にいたること。つづいてレーニンは、帝国主義段階で「国際トラストによる世界の経済的分割」──それはまだはじまったばかりと念をおして──を提示した。（『帝国主義論』全集㉒　p.260、『党綱領の改正によせて』全集㉖ p.162）

　国連貿易・開発会議（UNCTAD）の世界投資レポート（WIR）は、90年代終わりごろから、多国籍企業（Transnational Corporations 以下TNCsと略記）が世界貿易の3分の2を占めるようになったことを指摘。

　その流れを主導したのが米国のTNCsである。（表1、表2、次ページ）

　1994年、親会社は海外子会社に対して、売上高では2.3倍、雇用では2.7倍、利益では2.0倍だった。

　2009年には、売上高では1.5倍に、雇用では1.7倍にと、差を縮めただけでなく、利益では海外子会社が親会社の1.4倍へと上まわるにいたっている。

　さらに、輸出額（米輸出総額〈商品・サービス〉）に対して米海外子会社売上高は、1994年の2.5倍から、2009年の4.4倍へと大飛躍している。

　このように、米国大企業がTNCs化によって利益をかせぐ展開を急

激におしすすめ、海外子会社の売上高が米国の総輸出額の4.4倍にもなり、その利益が親会社の利益を上まわるようになった——このような大きな構造的変動が、米国経常収支赤字の累積的増大の最大の原因と見ることができるだろう。(別表「米国の対外直接投資」、32ページ参照)

(2) 原因——その2

　米国が米ドル基軸通貨国の特権濫用（注1〈12ページ参照〉）をますますはなはだしくするようになっただけでなく、また最大の対米黒字国の日本に、その黒字を米国債買いに転化させることによる米ドルの還流で米国の赤字埋めをやらせてきただけでなく、世界的にふくれ上がったマネー資本を米金融市場に吸いよせてきたことが重要である。

　米国のふくれ上がる経常収支赤字は外国からの資本流入で埋めればいいという方程式〔構図〕が浮かび上がった。(図1参照)

表1 ● US Direct Investment Abroad

A…親会社 B…海外子会社 （10億ドル）（1,000人）

	総資本		売上高		利益		雇用	
	A	B	A	B	A	B	A	B
1994年	6,626.9	2,359.9	3,957.0	1,754.8	190.1	94.0	18,947.4	6,957.7
A/B	2.8倍		2.3倍		2.0倍		2.7倍	
2004年	15,823.6	9,373.5	7,058.9	3,841.4	497.0	497.0	21,176.5	10,068.4
A/B	1.7倍		1.8倍		1.0倍		2.1倍	
2009年	11,446.5	10,832.0	7,690.1	5,080.1	548.9	773.8	20,608.1	11,878.8
A/B	1.1倍		1.5倍		0.7倍		1.7倍	

表2 ● 米国海外子会社売上高 / 米国輸出額（商品・サービス）

1994年	1,755	/	704	=	2.5倍
2004年	3,841	/	1,147	=	3.3倍
2009年	5,080	/	1,151	=	4.4倍

(資料) 米国商務省 Benchmark Survey 1994,2004,2009

図1 ●アメリカをむしばむ経常収支赤字の急拡大　両建てバブルの膨張（年平均）

年代	A：経常収支	B：資本取引		B：対外民間証券投資	B：対米民間証券投資	C：経常＋（流入－流出）
		対外流出	対米流入			
1976〜1980	－46	－596	523	－52	50	－119
1981〜1985	－503	－785	1017	－65	294	－271
1986〜1990	－1215	－1108	2183	－137	447	－140
1991〜1995	－707	－1714	2616	－853	971	195
1996〜2000	－2352	－4640	6937	－1257	2743	－55
2001〜2004	－5146	－4259	9551	－609	4017	－146
2005〜2006	－7832	－7410	15319	－2433	5694	77

単位：億ドル

（注）棒グラフの左欄からA、B、C──

■ A…経常収支

□ B…外国資本の対米流入、米国資本の対外流出
（斜線部は民間証券投資）

■ C…経常収支
＋（外国資本流入－米国資本流出）

プラザ合意以後

金融危機多発段階

外国資本流入

民間証券投資

米国資本の対外流出

経常収支

（資料）SURVEY OF CURRENT BUSINESS
2004年7月、2006年1月、2007年8月

> (注1) 今日でも、世界の外貨準備の60％以上が米ドルである。
> (2015年6月末)
>
> | | |
> |---|---|
> | 米ドル | 63.75% |
> | ユーロ | 20.51% |
> | 英ポンド | 4.69% |
> | 日本円 | 3.83% |
> | その他 | 7.22% |
>
> (「日経」2015.12.2)

それでは、世界的なマネー資本がどのようにふくれ上がっていったのか、以下 a、b に述べよう。

a. 米大企業をはじめとする多国籍企業 (TNCs) 的展開にとって自由な国際金融市場の拡大が必要であり、それが世界的マネー資本のふくれ上がりの背景にある。

　先述のように、「個別諸資本の循環は、互いの中に入って結びつき、互いに前提し合い、条件づけ合っており、このような結びつきにおいて社会的総資本の運動を形成する。」(訳Ⅱ p.564、S.354) そこには資本主義的生産の大きな特徴、生産の連続性がある。

　ところで、今日大きな TNCs の海外子会社は、数十カ国にわたり展開している。上記のような「互いの中に入って結びつき、互いに前提し合い…」といった親会社、もろもろの海外子会社間の結びつきをつくりだすためには、本国とこれら諸国にわたって、国境なきに近い状態をつくりださなければならないだろう。

　貿易の自由化、資本の自由化、外国為替の自由化、"非関税障壁"の撤廃等々。

　また、マルクスは、資本の循環と回転の中では貨幣資本が特別な役割――原動力としての、連続的動力としての――をはたすことを明らかにした。(訳Ⅱ p.566、S.355)

このことから、TNCs の展開にとって自由な国際金融市場 (ユーロ市場

など）の形成が必然的な流れとなった。

b. 　戦後、先進資本主義国において利潤率低下の傾向があらわれ、経済成長の鈍化、マネー資本の史上最大のふくれ上がりをつくりだした。

　現実資本の運動の上にマネー資本の運動がのる、資本主義の二階建て構造の二階がむやみやたらに大きくなっていく姿となった。

　95年10月、東京で開かれたプラザ合意10周年記念シンポジウムには、竹下元蔵相、澄田元日銀総裁、ベーカー元米財務長官、ローソン元英蔵相など、G5の主役をはじめ、各国通貨当局、IMFのそうそうたる顔ぶれをそろえたため、なかなかおもしろいことが聞けた。ベーカーの発言によると、この10年間に国際金融取引が一大変化をおこしたと、──「変動相場制になったことと、主要国の自由化の波と、さらに金融イノベーションの突風とが結びついて、80年代に外国為替取引は14倍になった。金融取引の速度が、コンピューターや通信技術の革新により、ものすごく早くなった。1日24時間取引となり、そして大部分が短期の取引になった。売るか買うかの決定は、数分間で決めなければならない。そこでうわさなどつまらぬ変動に応じて、数時間に莫大な資金が動くようになった。それを是正しようとする前に、オーバーシュートしてしまう」。（工藤『混迷の日本経済を考える』96.11、p.68,69）（95年世界外国為替取引は325兆ドル。）

　それから10年たった2006年には、世界外国為替取引は800兆ドルに達し、同年世界商品・サービス貿易14兆ドルの57倍にふくれ上がった。つまり、実体経済が必要とする外国為替取引は、総額の57分の1、1.7％にすぎなくなってしまった。

　2008年のリーマン・ショック直前、世界金融資本や世界金融取引が実体経済と比べてどこまでふくれ上がっていたか、そのおおよそを図2（次ページ）で示してある。

図2●今日の国際経済関係　　2008 1.10 A.K

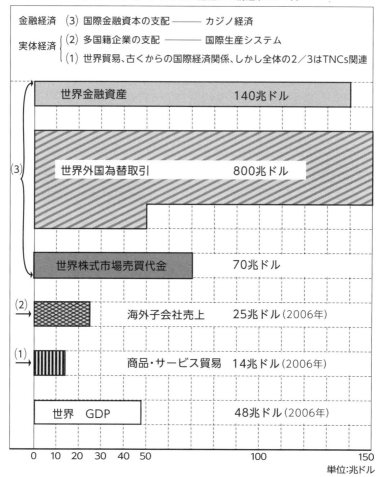

①海外子会社売り上げ、商品、サービス貿易、世界GDPは、
　UNCTAD World Investment Report 2007による。
②世界外国為替取引高はBIS,2007年4月の一日平均3兆2100億ドルから
　年250日として推定。
③世界株式売上代金は、「日経」07年1月9日による。
④世界金融資産は、みずほコーポレート銀行推計「日経」07年6月22日による。

2. 国際金融資本の史上最大の金融バブル崩壊から始まった史上最大の経済危機

　くわしい内容は『資本主義の変容と経済危機』（工藤、2009.11）を見ていただきたい。

　それは、イングランド銀行が全世界の巨大複合型金融機関（Large Complex Financial Institute）とよんだ米国・欧州の最大規模の金融機関が勢ぞろいし、ヘッジファンドなどと組んでおしすすめてきた、**いかさま金融取引（サブプライムローンなど毒入り証券を組成して売りまくる）**による史上最大の金融バブルの崩壊による史上最大の金融危機から始まった。

　この金融危機から一夜にして米ドルが手に入らないなどということになり、米国はじめ各国の市場が収縮し、過剰生産恐慌となり、大失業時代がはじまった。それは米国をはじめとするTNCsの海外直接投資活動による過剰生産恐慌であった。

　リーマン・ショックでは、金融恐慌は見かけ、金融で恐慌がおこったわけではない、生産と消費の矛盾が爆発した、という説は、すでに示したプラザ合意以後21世紀の今日まで、世界資本主義経済にあらわれた大変動の資料から見て、また今回の米ウォール街から始まった金融恐慌の実態から見て、あまりにも現実ばなれしている。

　サブプライムローンは、証券の組成者（金融資本）にとってハイリスクの金融商品をローリスクの金融商品にみせかけるのに都合の良い材料の一つとして利用されたわけで、それが世界最大の金融機関が勢ぞろいしてやった詐欺師的金融バブルに特徴的な事柄だった。しかし、サブプライムローンが大きな金融危機をおこしたということをいえても、サブプライムローンが米国の住宅産業から一大過剰生産恐慌をひきおこしたとい

うことは、これも現実ばなれの説である。

OECD Economic Outlook 2008/2 によると、米国の国内総支出2005年の内訳は、

	（10億ドル）	％
民間最終支出	8,694.1	66.4
政府最終支出	1,957.5	15.0
総固定資本形成	2,440.6	18.6
公的	397.8	3.0
住宅	769.7	5.9
非住宅	1,273.1	9.7
最終国内需要	13,092.2	100.0

このように住宅投資は総国内需要の5.9％、そのうちサブプライムローンは、同年の住宅ローン実行件数で見ても、約14％、したがって総国内需要の1％足らず。それから生産と消費の矛盾の大爆発がおきて、史上最大の過剰生産恐慌がはじまったとは、あまりに無理な説明である。

そこで、リーマン・ショックにはじまる世界経済危機の全体像をあらためて見ることにしょう。

3. 今日の世界経済危機の全体像

90年代〜21世紀(2000年代)に世界資本主義に一大構造的変化が、その内部に生じた諸矛盾の集合的爆発としてのリーマン・ショック、それにつづく世界経済危機。

a. 米国を中心として、米欧の最大規模金融機関が勢ぞろいでやった史上最大の金融ギャンブル（どこからも監視されることのない金融取引の形

態で)の崩壊にはじまった。

　IMFによると、2008年10月推計、それにかかわるローン、証券合計、23.2兆ドル——米国07年GDP13.8兆ドルの1.7倍——が崩壊して、09年金融機関の損失は3~4兆ドルに。

b.　米国を中心に爆発した信用の大収縮から、米欧日TNCsがグローバルにおしすすめてきたFDI（海外直接投資）の大きな高波による過剰生産恐慌の爆発へ。

　90年代以降、G7の名目固定資本形成のゆるやかな伸びとは対照的に、TNCsのFDIの伸びは大きな高波（サージ）をつくり出していたことが注目される（下掲表）。

	1991年	2000年	2007年
G7固定資本形成	1	1.4倍	1.8倍
FDI	1	9.1倍	12.8倍

（資料）工藤『資本主義の変容と経済危機』2009年、p.63
（OECDおよびUNCTADの資料による）

c.　米国の経常収支赤字の恒常的連続は80年代にはじまり、30年間にわたって、その規模は96~00年、年平均約▲2,350億ドル、01~04年、▲5,140億ドル、05~07年、▲7,580億ドルという膨張過程が、a.の崩壊、b.の崩壊と同時に崩壊した。

　もともと米国のこの経常収支赤字の恒常的継続は、米国資本の多国籍企業的展開によりつくり出されたもの。したがって、米国の対外不均衡の長期継続は、米国資本の多国籍企業的展開、そのFDIサージと、それにともなうマネー資本のふくれ上がりとを内包したものであったから、aの世界金融恐慌の爆発から始まったとはいえ、a、b、cの過程の同時爆発は必然的だった。

　このような意味で、「ブルジョア的生産のすべての矛盾は、一般的

世界市場恐慌において集合的に爆発する。」(マルクス『資本論草稿集』6 p.569) が、21世紀に入って、全く新しい形をとってあらわれたものと、いえよう。(米国の経常収支赤字は09年▲3,000億ドル台に半減したが、10年〜13年に▲4,000億ドル台を迷走中。)

4. 90年代〜21世紀の世界資本主義の構造的大変化として注目されること──「国家の形態でのブルジョア社会の総括」(マルクス) 形態がくずれはじめた

　先に米国を中心に見てきたが、米、日、欧すべての先進資本主義国でそれが大きくあらわれるようになった。

a. ソ連圏の崩壊、アジアにおける新興資本主義諸国出現などにより、TNCs はグローバル・バリュー・チェーン (注2) の展開で海外で新たな超過利潤 (注3) を生み出せるようになったこと。同時にそれは、先進国大資本が、自国での雇用を減らし労働条件を引き下げる過程であった。──自国の税収入も空洞化させてゆく。

b. 先進国の銀行、資本の TNCs 的展開とともに、どの政府機関や国際的機関からの規制をうけることのないグローバル金融市場をつくりだしていく。銀行本来の産業資本への貸付業務よりも、オフショアのペーパーカンパニーを使っての貸付債権の証券化をふくらませたり、やみの中での店頭取引でのデリバティブ取引をふくらませたりして、巨利をかせぐようになった。

c. しかし、ひとたび金融バブルの崩壊となると、自国政府から大銀行救

済のため、金融機関への公的資金投入をはじめ莫大な支援を引き出してきた。

　EUの09年、10年の金融対策は4.5兆ユーロ（約590兆円）、GDPの3分の1、米国は約400兆円、GDPの30％。

　日銀、米FRB、欧州中央銀行、英イングランド銀行は、リーマン・ショック以降、金融危機封じに対応してきたことにより、総資産残高は2倍にふくれ上がった。とくに米FRBは約3倍、欧州中央銀行は約2.8倍。（「日経」11.12.19）

　先述したように、リーマン・ショックによる金融機関の損失3〜4兆ドルというのも、中央銀行、国家財政からの手厚い救済策をとらせたことにより、その程度に止められたということ。そしてその代償は、一般国民の犠牲におしかぶせるという構造が新しくつくり出された。それが不況の長期化、その再燃をさけられなくしている。

　さらにもう一点、90年代〜21世紀はじめにかけての世界資本主義の構造的大変化——グローバリゼーションとよばれている。

1. IT革命→ものづくりのデジタル化、モジュール化で、最新のハイテク製品の生産工程（組立てなど）を途上国でやれるようになり、先進国大資本は、低賃金あさりを行なうようになった。
2. 先進国大資本が生産する利潤の大きさは、その大きな部分を海外——途上国の労働者数を増やしてゆくことで、大きくしてゆくようになった。

　先進国の大資本が手に入れる利潤の大きな部分はグローバル市場で実現されるから、国内の労働者の収入総額による制約をうける度合いは急速に減っていく。

3. いざ自国の不況対策といっても、国の財政は破綻しているし、中央銀行はゼロ金利、マイナス金利にしても、大資本は国内で投資しないから、国内の雇用をふやし、労働者の賃金をふやし、国内需要をふや

すことにつながらなくなった。

「日経」2016.1.12によると、日本では、バブル崩壊直後1992年度を100として、2014年度名目GDPは100、人件費も100に比べ、企業経常利益は2.5倍、対外直接投資（FDI）残高は14年度末で144兆円——5年で倍増。自動車の海外生産は、リーマン・ショック前は50％であったものが70％に迫る。

第二次大戦後TNCsの形態を生み出す対外直接投資（FDI）の流れは、米国からヨーロッパ諸国へに始まり、先進諸国間相互の流れへとつづいた。OECDはその枠組みでもあった。しかし、21世紀に入ってからは、途上国が直接投資受け入れ国としての比重を急速に高めていく。

1996-2000年平均で、先進国68.0％、途上国29.5％から、2011-2013年平均で、先進国43.2％、途上国54.2％となった。

UNCTAD WIR 2014の図（右掲のFigure1.）は、その流れを示している。

（注2）グローバル・バリュー・チェーン…UNCTAD WIR 2002年は、多国籍企業(TNCs)の国際生産システムの新しい特徴についてのべている。「国際生産システムの三つの中核的要素が重要。①ガバナンス（企業統治）、②グローバルな価値の鎖〔Global value chain〕（生産活動と他の諸機能の組織と配分、技術開発にはじまり、生産、流通、販売へとつながる。右ページ図）、③地理的配置である。」

（注3）UNCTAD WIR 2011によると、アップルのiPhone 1個の小売価格500ドルの製造コストの構成は次のとおり。

製造コスト	構成要素(Component)	124.50ドル	24.9％
	その他材料	48.00ドル	9.6％
	組立て（鴻海(台湾)の中国子会社）	6.50ドル	1.3％
Apple、研究開発・デザイン販売		321.00ドル	64.2％

ジェトロ海外調査部によると、2001年～2011年に日本のFDI収益率を相手地域別にみると、米国、EUでは5%ラインの上下であるが、ASEANでは10%～15%、中国でも2009年以後それに近づいている。（工藤『今日の世界資本主義と「資本論」の視点』p.39）

Figure 1. FDI inflows, global and by group of economies,1995-2013 and projections, 2014-2016 (Billions of dollars)

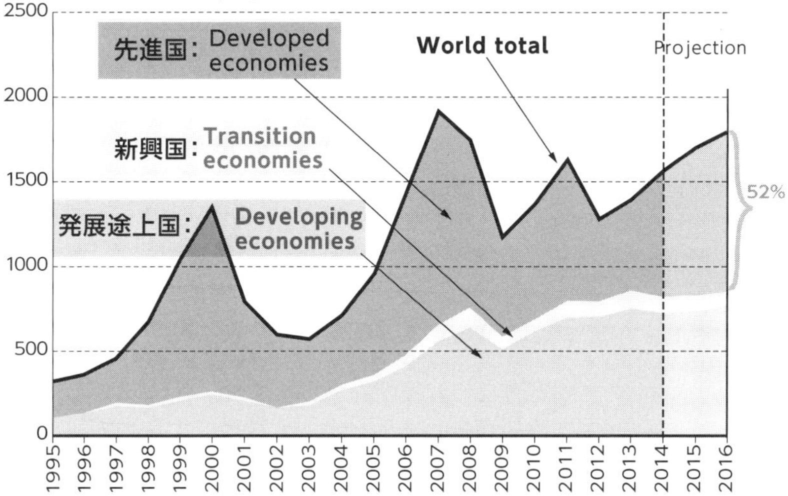

先進国：Developed economies
World total
Projection
新興国：Transition economies
発展途上国：Developing economies
52%
2500
2000
1500
1000
500
0
1995 1996 1997 1998 1999 2000 2001 2002 2003 2004 2005 2006 2007 2008 2009 2010 2011 2012 2013 2014 2015 2016

(UNCTAD WIR 2014)

図●グローバル・バリュー・チェーン

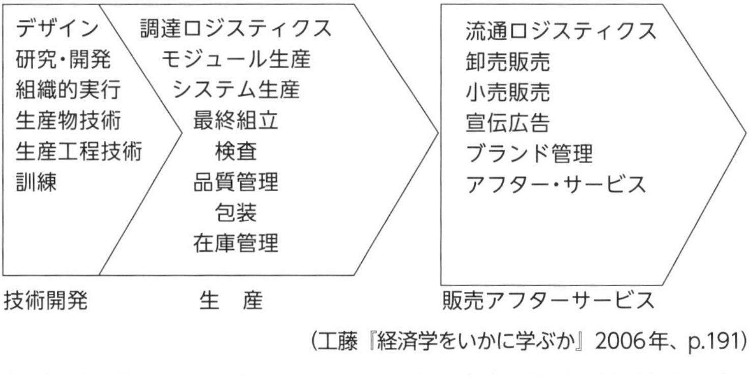

デザイン
研究・開発
組織的実行
生産物技術
生産工程技術
訓練
調達ロジスティクス
モジュール生産
システム生産
最終組立
検査
品質管理
包装
在庫管理
流通ロジスティクス
卸売販売
小売販売
宣伝広告
ブランド管理
アフター・サービス
技術開発
生　産
販売アフターサービス

（工藤『経済学をいかに学ぶか』2006年、p.191）

5. 90年代〜21世紀の世界資本主義の構造的大変化を『資本論』の視点から見ると、資本主義的生産様式の終末期的現象がかつてなく大きく

⑴ **資本は剰余価値を生み、剰余価値は資本を生む。資本主義的生産の発展は資本蓄積を内包する**

　資本の価値増殖の手段は、生産諸力の向上、技術的革新。

　そこで、生産方法の不断の改善の法則があらわれる。

　資本主義的生産の発展過程には、利潤率の低下傾向と利潤総量の増大との同時並行的進行の法則がつらぬく。

　ここから、資本主義的生産様式は、生産諸力の絶対的（無条件的）発展の傾向をおしすすめる。

　資本主義的生産の拡大再生産は、同時に、資本主義的生産関係の拡大再生産である。

　ここから、資本主義的生産の基本的矛盾――生産諸力の絶対的発展の傾向と、現存資本がその内部で運動しなければならないところの社会的諸関係との矛盾があらわれる。

⑵ **資本主義的生産の最新の発展段階において、生産諸力の絶対的発展の傾向から、今日次のような事柄に直面するようになった**

a. 人間の生存のための経済活動が、資本の価値増殖の運動となり、先進資本主義国の独占資本の領土・勢力圏争奪戦をおこすようになり、核戦争をやるまでになった。第2次大戦で広島・長崎で核兵器による無差別大量虐殺がやられたが、戦後、米・ソ（ロ）をはじめ核軍拡競争が、今日にいたるまでつづく。

b. そして核兵器の副産物、原発。福島原発事故が原発ゼロ以外にない

ことを明らかにした。しかも、使用済み核燃料の処分場が自国内に見出せない問題なども抱えるようになった。

c. 地球温暖化をはじめ、人類生存の条件・地球環境の破壊進行を止められる見通しはまだ立てられていない。

d. 「価値革命がいっそう急性になり頻繁になればなるほど、個別資本の存続にとっての危険がますます大きくなる」（マルクス『資本論』訳 Ⅱ p.167,168、S.109）ことが、今日のIT革命のなかで大きくあらわれるようになった。（経済産業省工業統計表によると、日本の製造業就業者数は92年1,116万人をピークとして、2010年809万人、27.5％減となるが、うち電気機器は193万人から116.5万人、39.7％減という激減。）

また、ソニーが米アップルの部品メーカーになり、シャープが台湾ホンハイの支配下になるなど。

e. 資本の集積・集中の流れは、株式会社形態→独占資本→国際トラスト→多国籍企業へと進行してゆく。

上述のd.の契機とともに、製造業におけるデジタル化（注4）、モジュール化（注5）が加わり、多国籍企業のグローバル・バリュー・チェーン（21ページ参照）による国際的生産は、途上国・新興国で超過利潤を生むようになることから、いよいよ自国の雇用を減らし、労働条件を劣悪にしてゆく。

(3) **資本主義的生産に内在する矛盾**（生産諸力の絶対的発展の傾向と現存資本がその内部で運動しなければならないところの社会的関係との矛盾）から「**生産の内在的な束縛と制限をつくりだすが、この束縛と制限は信用制度によって常に突破される**」（訳Ⅲa p.765、S.457）

第2次大戦後、1930年代大恐慌の再来を防止するためIMF体制がつくられたが、1971年にニクソン・ショックで崩壊→米ドル国際基軸通貨の変動為替相場制へ→1985年プラザ合意以後、米ドルの帝国主義的循環への日本円の組み込みなどの手当てが追加されてきた。

マルクスは、信用制度は、一方では、生産的資本の発展、世界市場の創出を促進する、もう一方では、マネー資本（利子生み資本）の量的増大、形態変化を促進することを明らかにした。
　そして、そのような流れによる21世紀における大きな変動をわれわれはすでに見てきた。

(4) **米国をはじめ、先進諸国の独占資本、金融資本が世界経済のグローバル化をおしすすめた。「国家の形態でのブルジョア社会の総括」（マルクス）をつきくずしてゆき、自国の雇用を空洞化させ、税収入を空洞化させてゆくようになった。さらに、かれらは、世界のどこからも規制をうけることなく、オフショアにおいて巨利をかせぐようになった結果として、史上最大の世界経済危機を発生させた**

　しかし、一度、米・欧の最大規模銀行を主犯とする金融危機が発生すると、各国政府は主犯者であるこれらの銀行を救済するために公的資金を注入、各国中央銀行のさまざまな非伝統的金融緩和策（ゼロ金利、量的緩和、さらにマイナス金利など）がとられてきた。先進国経済はいよいよ中央銀行頼みの姿をとるようになった。これらは2、3、4で、すでに述べたところ。
　そしてこれは「資本が資本主義的生産様式の解体の形態への逃げ道を見出す」（マルクス）ようになったことの現われといえよう。マルクスは次のようにのべている。
　「資本が資本自身を発展の妨げと感じるようになると、自由競争を抑制することで資本の支配を完成する形態へ、同時に資本が立脚する生産様式解体の形態へ逃げ道を見出す。」（『資本論草稿集』2 p.409）「信用制度は、この矛盾の暴力的爆発である恐慌を促進し、そしてそこから古い生産様式の解体の諸要素を促進する。」（『資本論』訳Ⅲa　p.765、S.457）これはまた資本主義生産様式の終末期的現象でなかろうか。
　これまで見てきた90年代〜21世紀の世界資本主義の構造的大変化

の数々の事柄とあわせて、今日資本主義生産様式の終末期的現象がかつてなく大きく現われるようになった。

> (注4)製造業におけるデジタル化
> 　製造業におけるデジタル化は、工業製品のデジタル化と生産方法のデジタル化とがある。
> 　70年代インテルによりMCU(マイクロ・コントローラ・ユニット)(以下「マイコン」)─CPU(中央演算処理装置)に、メモリー機能、入出力回路、周辺制御回路などを組み合わせて、一つのチップに集積したもの。90年代後半にマイコンの性能が高くなった段階で、組み込みソフト(マイコンに組み込まれたプログラム)に動作を制御される工業製品が急速に増加した。これが工業製品のデジタル化。
> 　生産方法のデジタル化の進展についていえば、コンピュータ・ソフトウエアの進歩により、CAD/CAM(コンピュータ支援設計の製造)で三次元の設計・生産が可能になった。三次元で金属加工をおこなうマシニング・センターを制御するコンピュータの性能の高まりで、高精度加工が一定可能になった。

> (注5)モジュール化
> 　システム全体を、機能的にまとまりをもったユニット(モジュール)に分解し、工業製品の内部設計でソフトウェアを使い、各ユニット間のインターフェイス(結合部分)を標準化することにより、各所で独立して生産したモジュールを組み合わせて製品を完成させられるようになった。(『ものづくり白書』2012年版、その他)

6. 現代帝国主義も終末期的になってきたようだが、中東、アフリカではまだ先が見えない

　大油田の発見、および第二次大戦後この地域が冷戦の最前線となったことから、米国は中東での拠点づくりを重点的におこなってきた。

第二次大戦中、サウジアラビアに大油田が発見され、米国はルーズベルト・イブン・サウード会談により、ワッハーブ派王族への軍事的支援とひきかえに石油利権を獲得。1947年、トルーマン冷戦宣言の同日、サウジアラビアでは、米メジャー、ニュージャージー、ソコニーが加わり、アラムコ体制が誕生。こうしてサウジアラビアは米国の中東における第1の拠点となった。米国はまたイスラーム復興運動の中でも、「原初の純正な形のイスラームを復活させるべき」であるというワッハーブ派を支援するようになった。

　1947年3月、トルーマンの「冷戦」は、トルコへの支援から始まった。トルコは中東における米国の第2の拠点となった。

　米国は、1956年、エジプトのナセルのスエズ運河国有化に対し、英、仏、イスラエル連合がスエズへの軍事進攻をくわだてた時、それに待ったをかけたが（同年、ソ連のハンガリーへの軍事介入に米国は反対していた手前もあり）、1967年、イスラエルは、米国からの軍事支援のもと六日間戦争をやり、国連が認めていたパレスチナ領を完全占領した。このころからイスラエルは米国の中東における第3の拠点となった。（注6）

　1979年、米国は、米・イスラエル・エジプトの"キャンプデービット合意"により、1952年ナセルのエジプト革命からのアラブ民族解放革命の流れにブレーキをかけ、エジプトを米国の中東における第4の拠点としてきた。

　米国防総省の Defense 誌から、米国の中東におけるこれらの拠点に対しての米軍事援助によるその力の入り方がわかる。MAP（軍事援助計画・無償）1980-93年合計205億ドル、うち1位イスラエル、2位エジプト、3位トルコの3ヶ国計は135億ドル、世界総計の66％。FMS（対外軍事品売却・有償）1980-93年合計2,092億ドル、うち1位サウジアラビア、2位エジプト、4位トルコの3ヶ国計は887億ドル、世界総計の42％、とくにサウジアラビア一国だけで571億ドル、世界総計の四分の一という異常さである。

アジアでは、米国は1975年ベトナム戦争敗北以後は、大規模な軍事的策動はできなくなった。米国のベトナム戦支援体制としてつくられたASEANは、東アジアの平和体制へと質的変化。

　また中南米でも、1989年米軍のパナマ侵攻以後、米国は大規模な軍事的策動はできなくなり、中南米諸国では反米民族独立のたたかいの大きな成果が得られるようになった。

　しかし、中東においてはどうであろうか。1970年代、80年代、90年代、2000年代、2010年代に入っても、米国をはじめとする帝国主義勢力からの軍事力による介入がひきつづいている。

1973年 第四次中東戦争では、ベトナム戦争継続中の米国（キッシンジャー）は、米国への石油供給停止をやめなければ、対サウジアラビア戦をやると脅して、それを中止させた。

80年代には、イラン・イラク戦争で、米国はイラクへの全面的な軍事援助により、イラン、イラクの共倒れを計った。ソ連のアフガニスタン侵攻に対しては、アラブのジハード・ゲリラを全面的に支援し、「ソ連に米国のかつてのベトナム戦争の苦しみを体験させる」ことをはかった。そのおかげでビン・ラディンたち、アルカイダ勢力が生まれた。

　このころ重要なこととして、1987年米国防総省は、中東統合機動軍を創設している。

90年代には、91年湾岸戦争、98年米国の対イラク砂漠の狐作戦。

00年代には、2001年9.11事件後、アフガニスタン攻撃、イラク戦争。

　ひきつづく今日、シリア、イラクなどでは、"対IS作戦"などの名目のもと、この地域の人々は、行く先の見えない戦乱による犠牲、難民発生などの苦難におとし入れられる結果となった。（注7）

（注6）イスラエルはこの地域における唯一の核兵器保有国となった。1950年代に、フランスはイスラエルのディモナ原子力発電所建設と武器供与援助を行い、1960年代に、フランスのサハラ砂漠での核実験には、イスラエルの科学

> 者が参加した。同年「ニューヨーク・タイムズ」はイスラエルの核保有を報道。
> 　一方、イスラエルは、1981年イラクのオシラク原子炉（1976年フランスの援助による）爆撃、2007年、シリアで建設中の核施設を米国との協議の上爆撃した。
> 　米国は、この地域ではイスラエルの唯一の核保有国体制づくりをつづけるため、イランの核保有阻止のための国際協議をつづけてきた。一方、アジアでは、1988年台湾の核兵器開発計画に対しては、中国と台湾の戦争必至であるからという理由で、それを中止させている。

（注7）アフリカについては、工藤『今日の世界資本主義と「資本論」の視点』（2014.12）第6章参照。

終わりに――われわれにとっての課題

以下、『今日の世界資本主義と「資本論」の視点』（工藤、2014.12）で提起した問題。

(1) **TNCsのグローバル支配の強まりにともなう自国の雇用への有害な影響**

UNCTAD WIR 2010 によると、主要国海外子会社雇用者数は、90年代、00年代に次のように激増した（表3、次ページ）。

多国籍企業（TNCs）化による自国の雇用への有害な影響が最もいちじるしいのは日本。

TNCs の親会社、海外子会社の雇用者総計に対する親会社の雇用者の割合の最近の変動を、日米で比較すると、

	94年		2009年
米国	73%	→	63%
	89年		2008年
日本	72%	→	48%

表3 ●海外子会社雇用者（1000人）

	1990年	2007年	
USA	6,833.9	11,737.5	1.7倍
ドイツ	2,337.0	5,467.0	2.3倍
日本	1,549.7	4,746.1	3.1倍
スイス	1,012.6	2,350.2	2.3倍
イタリア	551.6	1,297.9	2.4倍
スウェーデン	591.0	1,132.9	1.9倍
6か国合計	12,875.8	26,731.6	2.1倍

　このような大企業のTNCs化は、先にのべたように、これら諸企業への国際金融資本の支配がいよいよ大きくかぶさっていることにより、株主利益最優先の経営（ROE*第一など）による雇用破壊が加わっている。また、日本の労働者階級は、今日、雇用する資本による搾取と、内外金融資本による搾取との、二重の搾取をうけるようになった。

　＊ROE：retern on equity 株主資本利益率。

　（佐々木憲昭氏によると、日本の経団連役員企業には、日本の代表的TNCsが多いが、それらの外国人株主比率は、1990年3月（20社平均）6.3%から、00年3月（22社平均）20.3%、14年3月（36社平均）32.6%、15年（33社平均）34.48%と、1/3に達した。〔佐々木『財界支配』新日本出版社、p.62〕）

(2) 「生産諸力の絶対的発展への傾向」（マルクス）の今日的現われと、雇用不安定化

　マルクスは、資本主義的生産が生産諸力の絶対的発展への傾向をおしすすめること、それは資本の有機的構成の高まりにも現われ、それはまた、相対的過剰人口の増大をもたらすことを明らかにした。

さらに今日では、マルクスが指摘した「急性、頻繁な価値革命は個別諸資本の存在を危うくする」(『資本論』訳Ⅱ p.167,168、S.109)ことが、IT産業など、先端技術産業でいよいよ大きく現われるようになったことに、注目する必要がある。

　IT革命は、大型コンピューター→パソコン→インターネット→モバイルへと進行。1992年のIBM大型汎用機と2009年のインテル搭載パソコンとを比較すると、17年間に機能は1万倍に、価格は1000分の1に。

　今日にいたるIT革命で、通信コストは、1985年に比べ2012年には100万分の1に。

　急速なIT革命で生産設備への投資額は急増するが、技術革新のスピードのあまりの速さから、たちまち大きな価値減少になる。そこで研究開発と販売・サービスだけに特化して、生産工程の工場はもたず、生産工程は、外注、受託生産にするというファブレス・ファウンドリーの分化による国際的生産方式が現われた。(UNCTADのWIR 2011はNon-Equity Modes of International Productionとよんでいる)

　さらにこのIT革命の中で、生産工程のデジタル化とモジュール化とが進み、生産工程を、低賃金のアジア諸国に移せるようになった。(表4「1985年と2000年の世界の貿易構造」、次ページ参照)

⑶　**「生産に科学的性質を与えることが資本の傾向、直接的労働はこの過程の単なる一契機になるにすぎない」**——マルクスの指摘

　マルクスは今から約160年前、1857-58年の経済学草稿(マルクス『資本論草稿集』2 p.481,482)で次のようにのべている。

　「資本の完全な発生がはじめて生ずるのは、固定資本がその生産過程内で、労働に対立して、機械として登場するときであり、生産過程全体が労働者の直接的技能のもとに包摂されたものとしてではなく、科学技

表4 ● 1985年と2000年の世界の貿易構造（%）

	先進国		途上国		東・東南アジア		ラテンアメリカ カリブ		中東・北アフリカ		サブサハラアフリカ	
	1985	2000	1985	2000	1985	2000	1985	2000	1985	2000	1985	2000
一次産品	38.0	40.4	61.2	56.0	10.4	9.5	12.5	13.2	21.4	20.9	5.4	4.3
資源関連工業	68.7	68.2	29.8	26.6	8.4	11.7	7.0	6.5	4.9	3.9	1.7	1.3
非資源関連工業	81.9	66.8	17.5	30.8	10.8	22.6	2.6	4.6	0.8	1.1	0.4	0.2
低技術	66.4	49.7	32.4	46.6	22.9	33.4	3.2	5.3	1.6	2.7	0.5	0.4
中技術	89.2	78.6	10.4	18.8	4.7	11.7	2.5	4.0	0.5	0.5	0.3	0.3
高技術	83.2	63.4	16.6	35.4	10.9	29.1	2.1	3.6	0.3	0.3	0.3	0.1
その他	71.2	58.4	28.6	40.4	5.3	8.6	4.2	4.6	0.9	0.9	4.1	1.9
全生産物	68.9	63.5	30.3	33.6	10.1	18.7	5.8	6.0	6.3	4.0	1.9	1.9

1985年：1984～86年3ヵ年の平均、2000年：1999、2000年2ヵ年の平均

UNCTAD WIR 2002
『資本主義の変容と経済危機』（工藤、2009年11月）　表2-11、p.81

術的応用として登場するとき、生産に科学的性質を与えることが資本の傾向である。直接的労働はこの過程の単なる一契機にすぎない。」

「労働時間が――たんなる労働量が――資本にとって唯一の価値規定的要素として措定されればされるほど、生産（使用価値の創造）の規定的原理としての直接的労働とそれの量がそれだけ消えうせ、量的にもそれだけ小さい比率に引き下げられるとともに、質的にも、不可欠ではあるが、下位の契機として、すなわち一面からみれば、一般的科学的労働、自然科学の技能的応用に比べて下位の、また〔他面からみれば〕総生産の社会的編成から生じる一般的生産力――これは社会的労働の天性（自然力）として（歴史的産物であるにもかかわらず）現われる――に〔比べて〕下位の契機として引き下げられる。

　資本はこのように、生産を支配する形態としての自己自身の解体に従

事しているのである。」

　マルクスが160年前このように指摘したことは、今日のIT産業などでいちじるしい。

　マイクロソフトのビル・ゲイツがマイクロソフトのパソコン用OSを発売したのは1995年、アップルのスティーブ・ジョブズが初めてiPhone

別表●米国の対外直接投資（Benchmark Survey）

	1994年				2009年			
	純利益		雇用		純利益		雇用	
	100万ドル	%	1,000人	%	100万ドル	%	1,000人	%
全世界	94,031	100.0	6,957.7	100.0	900,474	100.0	12,961.5	100.0
カナダ	7,341	7.8	886.7	12.7	43,365	4.8	1,094.3	8.4
ヨーロッパ	45,764	48.7	2,844.3	40.7	523,512	58.1	4,774.9	36.8
ラテン・アメリカ	19,484	20.7	1,492.2	21.4	167,515	18.6	2,518.5	19.4
アフリカ	1,451	1.5	115.0	1.7	24,695	2.7	227.6	1.8
中東	2,058	2.2	83.7	1.2	17,611	1.9	127.1	1.0
アジア太平洋	17,460	18.6	1,511.1	21.7	123,775	13.7	4,219.1	32.6
オーストラリア	2,516	2.7	251.0	3.6	14,495	1.6	344.0	2.7
中国	305	0.3	84.0	1.2	28,742	3.2	1,433.2	11.1
香港	2,747	2.9	96.6	1.4	15,056	1.7	131.1	1.0
台湾	867	0.9	62.7	0.9	3,394	0.4	98.4	0.8
インド	(D)		47.2	0.7	2,824	0.3	600.6	4.6
インドネシア	1,272	1.3	61.6	0.9	6,204	0.7	109.3	0.8
韓国	697	0.7	55.5	0.8	4,002	0.4	137.6	1.1
フィリピン	519	0.6	80.3	1.1	1,782	0.2	150.3	1.2
シンガポール	2,692	2.9	98.6	1.4	26,341	2.9	153.9	1.2
タイ	938	1.0	101.6	1.5	3,394	0.4	193.7	1.5
日本	3,045	3.2	419.6	6.0	10,878	1.2	611.6	4.7

を発売したのは2007年6月、それから間もなく、2015年5月に、世界株式時価ランキングで、1位アップル 7,607億ドル、2位マイクロソフト3,862億ドルといった具合である。

「米シリコンバレーが沸いている。インターネット人口が30億人を超え、スマートフォンとクラウドの普及があらゆる産業をゆさぶる中、革新的製品、技術を求める企業が続々と進出、次のアップルやグーグルをねらう企業家やマネーも世界中から流れこむ。

上場前の評価額が10億ドル（約1,200億円）を超えるスタート・アップを、投資家は"ユニコーン"（一角獣）とよぶ。8月末時点のユニコーンの数は132社、わずか2年で3倍以上に増えた。

ユニコーン量産の背景には、スタート・アップに群がる新手マネーの台頭がある。ヘッジファンドや投資信託、中国、ロシアなど海外の投資家、"コーポレート・ベンチャー・キャピタル"（CVC）と呼ばれる企業の投資部門だ。全米ベンチャーキャピタル協会（NVCA）によると、CVCの数は1,100社を突破。2014年の投資総額は53億ドル」（「日経」15.10.7）。

このように資本の研究・開発・技術革新が直接労働者の地位をおし下げていくと同時に、全世界の投機的マネー資本と直接むすびついていくことも、世界資本主義の新しい現象である。

それはまた、「資本はこのように、生産を支配する形態としての自己自身の解体に従事している」（マルクス）ことではなかろうか。

補遺

これまでのべてきた今日の流れをふまえて、また現代資本主義が数々の終末期的現象をあらわすようになったことをふまえて、われわれが当面たたかいとるべき問題、めざすべきたたかいの方向について、とくに

次の諸点を特記しておきたい。

　第1に、非正規労働者の増大、リストラ、成果主義賃金、働く貧困層の拡大などという流れを阻止し、人間らしい労働と老後の生活を、国の制度として確立すること。

　第2に、社会的に必要な労働を、公共的分野として確立すること。よく商品生産あるいは市場経済は、社会的必要・需要に応じて社会的総労働を分配するといい、価値法則はそれを実現するかのようなことがいわれてきた。
　そして、それは公共サービスなどの民営化の口実に使われてきた。

　しかし、今日、国民が必要とする教育、社会福祉、医療、保健等々のいわゆる公共サービス分野は、市場経済によってでは、量的にもまた質的にもそれにふさわしい形ではまったく供給できていない。今日、日本ですすめられてきた「公共サービスの産業化」が今日の日本の貧困増大の一大要因となっている。

　第3に、現代資本主義の最悪の産物、米国で典型的に、また最大にあらわれた軍産複合体の問題である。今日、日本の独占資本はその補完的要素として肥大化の方向をとっている。
　軍産複合体は、市場経済は社会的必要、需要に応じて、社会的総労働を分配するということが、現代資本主義では全くの幻想になっていることの最大のあらわれであり、第2でのべた社会的に必要な労働を供給できないこととの対極としての社会的に必要でもなく最大に有害な産業を肥大化させている一つの例である。

軍産複合体にとっては、その存続の条件は、大国間の軍拡競争がつづくことであり、また地球上のさまざまな戦乱が止めなくつづくことである。軍産複合体は、かれらの謀略によりこのような戦乱をひきおこそうとしてきた。

　国家財政の浪費をへらすという点だけでなく、今日、中東やアフリカなどの諸地域で先行きの見えない戦乱がつづくことを終らせるためにも、米国をはじめとする軍産複合体をうちやぶっていくことは、われわれにとって、全世界の人民にとって緊急課題となっていると思う。

　（注）以下の諸論文は、参考資料とした。
1）藤田宏「貧困クライシス」「経済」2016-6
2）飯盛信男「日本経済長期停滞のなかのサービス産業拡大──非正規雇用増大と公共サービスの産業化」　同上
3）小泉親司「戦争法と日・米『軍産複合体』の進展」
　同上誌　2016-7

【講演の質疑応答】

工藤晃講演会「21世紀の世界的経済危機を考える」
2016年4月9日㈯ 午後1時〜4時 秋葉原ダイビル
〈工藤晃講演の質疑応答ファイル：2016年4月9日㈯ 録音起こしから〉

宮川彰（司会）：かぎられた時間のなかでのご講演でしたけれども、現代日本や世界の現代帝国主義ないしは世界資本主義の現状について、大きく俯瞰した、高い見地からのお話でした。金融事情の劇的変化をとらえながら経済の構造面をもきちんと視野に入れるという構えは、現代の世界経済の特質をリアルに捉えるのに必要な全面的な捉え方であり、前回（2015年3月）のお話と同じように「『資本論』の視点に立つ」という見方を貫かれていると、お受け止めいたしました。

　資本主義終焉論、カジノ経済化、グローバル経済化などと、目につく現われの話題にはこと欠きませんが、土台の経済構造の発展の問題や新しい特徴づけに着眼する考察は数少なく、工藤先生のご研究は貴重だと思います。きょうの前半のお話は、世界経済の構造的大変動というのが大きな重いテーマでありました。そういうのを踏まえながら、しばらく質疑応答をすすめてまいります。ご質問が休み時間に提出されております。

質問1：資本主義の当面の解決策ははたしてあるかどうか、まずそのあたりを皮切りに、お答えいただきましょうか。
工藤：利潤率の低下と低金利とはいろいろな関連から見なければいけないのですが、いま先進国で国内的にみますと、それこそ資本の有機的構成の高まりがあり、国内ではなかなか期待利潤が上げられなくなった。そうすると、大企業は金(かね)が余って、海外で投資して高い利潤を上げてい

る状況があるわけです。国内だけに限（かぎ）っていうと、国内での投資が減ってくるから不況になる。さて、不況対策だというと、従来は日本銀行とかFRB（米国連邦準備理事会）が金利をどうするかといって、下げれば下げるほど、その国内で投資が増えるのではないかと期待して下げて行ったのだけど、ついにゼロ金利まで来た。ゼロ金利だけではなくて、量的緩和だとか、やれマイナス金利だとか。そういうことをしても国内ではさっき触れたようにエンジンがかからない。海外でいろいろ投資をやるとしても、国内ではエンジンがかからない、そういう問題があります。

　もう一つは、先進国諸国の中で、日本が真っ先に、米国から経済戦争をしかけられ、超円高になったために「失われた20年」になった。リーマン・ショックが起きた時、アメリカもヨーロッパも日本の真似をしないようにしようと、日本のやり方を批判していた。日本の「失われた20年」はうちはやらないぞと、それには「日本は早く金利を下げなかったからだ」とか、「〔金融緩和解除などと〕途中で金利を上げたからだ」といって批判して、FRBは下げるとか、ヨーロッパも下げだしたわけですが、――そういう国内的に投資やその機会が減るということに関係して不況が起きたときに、中央銀行が一生懸命にエンジンをかけようとして金利を下げるのだけれども、今はなかなかかからなくなった。そして中央銀行頼みになってしまった、ということが言える。と同時にまた、中央銀行の政策が役に立たなくなってきたということになるわけです。

　それでケインズの理論というのは、さっき言ったマルクスの「一国資本主義的形態がひとつの全体である」から、雇用を増やすためには、投資をもっと社会化しなければいけないという。つまり、一つは金融政策で金利を下げるだけではなしに、財政を動員して公共投資などを増やそうという、ケインズ政策はそういう面があったわけですね。

　なによりもまず国内の失業者を減らさなければいけない。完全雇用にしなければいけない。だけど、その前提である枠組みがいま崩れている

といったというのが私の話でした。だから、いま、どこでも不況対策というとまず金利を下げる。もっと公共投資を増やそうとしても、まず財政がそのまえに破綻しているから、それはなかなかできない。そういう問題があるわけなのです。

　利潤率と中央銀行の金利政策ではなしに、銀行金利との関係から言うと、マルクスは、恐慌から立ち直ったとき、それからだんだん活発になっていったとき、そのときどきに金利がどうなるかというのを論じております。過剰生産恐慌になると金利が利潤率よりはるかに高くなる。しかしもともとは、普通に拡大しているときには利潤よりも金利は低い、利潤率よりも高い金利が支払われるわけがないのですから、それにより銀行は制約を受けているわけです。

　ただし、中小零細企業に対しては、それもマルクスが述べていることですが、中小零細企業に対しては、高利貸しがいつまでもくっついているということは、発達した資本主義になってもそういう現象があるわけです。以上です。

宮川：ありがとうございました。その他、会場からいただきましょうか。共通な関心事になるようなご質問を歓迎しますけれども。お手が上がっています。

質問2：どうも長時間のお話ありがとうございました。今、日銀の金融政策、日銀だけでなくFRBや欧州中央銀行の金融政策が社会的な関心事になっているのですけれども、その中でイギリスの新しく労働党の党首になったコービンさんですね。労働党のなかでいちばん左派であるといわれているコービンさんが提唱している「国民のための量的緩和政策を行なえ」という意見があるのですね。それはどういうことかというと、今は日本もアメリカもヨーロッパも、量的緩和ということで中央銀行が民間

銀行にお金を渡している。国民に直接渡してないから、銀行がどう使うかによって景気が影響を受けてしまう。そこで、直接、例えば政府が建設業者とか公共事業をつくって、そこに中央銀行がお金を融資する形にする。その純増したお金で、無から作りだしたお金で公共投資を行なえば財政赤字も作らずに実体経済に直接お金が流れて行くので、景気が回復するという。そういう国民のための「量的緩和政策」を提唱しているけれども、この意見については、どうお考えでしょうか。

工藤：コービンさんの意見は直接見ていないですが。そのスジとしては私は良いと思うのです。というか、今、大事なのはFRB（米国連邦準備理事会＝中央銀行）はアメリカの最大民間金融機関の仲間たちがやっているわけですね。日本の大銀行も三大銀行になったわけですね。「金融寡頭支配」、それが日銀と一緒に動かしている。それを壊していくという方向性としては良いと思います。方向性としては、今いろいろと実体経済に結びつくようにと、タックスヘイブンに金を隠している、あれをみんな吐き出させろとか、それから内部留保にもっと税金をかけろとか、そういう意見はでている。そういう積極的な意見は総合するにはいいし、そういう所から出発すべきであると思います。

質問3：川崎から聴きにきました。先ほど国債について出ましたけれども、日本の国家債務はGDPの2.3倍、世界で最高に高いわけです。いまいろんな話題になっているのは、国家債務がどういう状態になったら爆発するのか？　旧通産省、今は経済産業省の役人も実際には、これが暴発した場合に、戦争直後の超インフレ、ああいう状態を招く、という内部で検討資料を作っているらしい。だけども、それはおもてには出てこないし、日本では預金者が同時に働いてもいるので当面は大丈夫だといわれているけれども、実際の問題としてはものすごい大きな問題で、これがどういうきっかけかで暴発する可能性は日本にはあるのかどうか、それを伺い

たいと思います。

工藤：日本の国債のGDP比率がきわめて高く世界一の規模になっているという問題ですね。これに対しては、ずっと前からヘッジファンドなどが日本ではいつか国債の暴落が起きそうだから、その暴落で儲けてやろうと狙っているという。そういう危機があることは、はっきりしている。そういうこともあり、政府は「消費税を上げろ、上げろ」とばかり、そちらに向かって国民に犠牲をかぶせようとしているわけですね。

　今の日本の場合、経常収支はいちおう黒字になっているのは、今たまたま最近の数年間、円安であって、それに加えて最近、原油価格がうんと下がったということもあって、貿易収支が少し相対的に良くなったということ。と同時に、日本の企業が途上国で直接投資をすることで、日本の技術をもってやる海外の子会社からの技術特許料などが、国内に流れ込むなど、それで何とか国際収支をもたせているのですが、それでもまただんだんと日本の貿易収支が赤字になったり、不安定になっている。日本の国際収支そのものが、アメリカのように落ち込んでくると、日本は基軸通貨国ではないですから、当然国債がねらわれる。それで仮に国債が下がると、今度は国債の金利が上がりますから、つまり、高い金利でしか国債を発行できないということになると、本当に財政が大破綻してしまうということです。

　さっき戦争の時の話が出ましたけど、わたしは徴兵検査を受けた世代ですが、ちょっと余談になるかもしれませんが。日本が戦争をやるとき財政でなかなか悪知恵があったのですね。日本銀行があって、軍事費を増やすにも日本銀行が引き受けという形で、財政を大きくしてゆく。しかし、この日本銀行券で海外でお金を払うのではなくて、もう一つ朝鮮銀行を作って、今度は朝鮮銀行が日本の国債をもって、それをもとに朝鮮銀行券を発行する。それで朝鮮に近い「北支（ほくし）」あたりでは、軍事費に支出する。ところが、戦争を中国全土へ広げてしまうと、もう一つ傀儡（かいらい）

政府の銀行を作らせる。南京傀儡政府の銀行と朝鮮銀行とが預金を預け合うことにする。預け合うのだから対等ではないかと、それで朝鮮銀行券を南京傀儡政府の銀行が額に合わせてこれだけを持つと、それに見合って軍票をだして中国で戦費を賄ってきた。しかし、それだけではなしに、日本は東北で多量にアヘンの栽培を手がけていてそれを東条英機が握っていて、それはかなりお金の代わりに使ってきたということがいえます。

　そういうことであの時の資料を読んでみると、南京政府経済顧問石渡荘太郎（1944年に蔵相）が、「戦争というのは紙でやるものだよ」と言っていた、そういう時期があったのですね。だけど紙ではやっぱりやれません。そのツケとして戦後の超インフレというのを日本の庶民は被ってきた。持っていた国債、我々がどこかに働きに行ってみんな国債の形でお金を支払われてもらったのは、みんなパーに紙くずになった。そういう結末になっているのですね。

宮川：大きな問題でしたのでこの国家破綻と戦争、国債暴落の議論はまた別の機会に継続にし、ひとまず終えて、それでは最後です。

質問4：きょうのお話で、「今日の世界経済危機と全体像」ということで、a、b、c、と整理していただきました。振り返ってみて、いったいbとcの関係をどういうふうに、世界恐慌とつなげていったらいいのかということが、あらたに課題として思いしらされました、新しい視点をいただきましてありがとうございます。

　その中で一つ、私が疑問に思っている気がかりになっている点。いわゆる金融資産がGDPの3倍以上に膨れ上がっています。この金融資本の正体はなにかということ、金融資本の占めるウエイトなどについては先ほど、先生が申されましたように、架空資本が資本実質をなしている

と。架空資本というのは労働価値説の立場に立てば、新しい価値を生みださない、それでなおかつ3.5倍も増えてしまっている、するとどこから価値の源泉はきているのか？　結局はどこからか価値を収奪しないかぎりは、その価値は生まれないではないかと。その収奪の仕組みが、2008年のリーマン・ショックとかの中で生み出されてきたのではないか、というのが一つの問題意識でした。問題は、金融資産が膨れ上がったところにバブルで膨れ上がった状態の額の上乗せとなっているし、実際に収奪したものも入っているのではないか。そこら辺の数量的な分析はどうなっているのかたえず疑問に思っている課題でして、アドバイスをいただければと思っています。

工藤：金融資本が膨れ上がることはマルクスも指摘している。一つには、銀行からお金を借りてきた者が、それをまただれかに貸して、それを借りた者がまただれかに貸して、そしてここでは使うとなると、資産として、それぞれが一応債権を持っているわけですから、もとは一つでも3倍になるわけです。そういう膨れ上がり方をするわけですね。それから、架空資本が出てくると、それこそ価値とはまったく関係がない、国債などというのはマルクスも言っているように、国債の利子を生むからそのもとに資本があるみたいにみなされたものだけれども、国は国民から税金をとって、それをあてにして、国債を発行するわけでしょう。国民の税金なのです。だから資本とはなんの関係もない国債は架空中の架空資本です。

　ただ株式になりますと、最初の投下した資本が現実資本の流れの中に入って、実体をもった資本になるけれど、同時に株主というのは、この利潤に対する請求権ですね。「オレに配当をよこせ」という請求権、その権利が、投資家の間で売り買いされるようになる。だから、この株式が価値があるのではなしに、どれくらい配当が得られそうだというこの会社のこれからのもうけを予想して、取引で値段がつくわけです。事情次第ではいくらでも膨れ上がっていくというこういう関係になるわけです。

リーマン・ショックの時の場合は、かれこれの土地、宅地を担保に、家を建てるというのでお金を借りたわけですね。そういう債権を銀行が買って、それをもとにして混ぜ合わせる。住宅ローンというとバラバラでしょう。100万円借りたとか、1,000万円借りたとか、何千万円借りたとか。大阪で借りた、東京で借りた、北海道でなど、そういう全国のローンを全部プールして、それから構成する証券を作って、これだけ全国的に大量に集めたのだから、「そのなかの倒産する率〔リスク〕は少ないですよ」ということを金融工学者たちが言う。そして構成された証券を売るときに、全部を大きく三つの部分にわけて、「ここは全然リスクがない、その代わり利子が少ない」と、「このへんの部分はちょっと危ない」、最後の部分は「いざとなると元本は危ないよ」と、それを三段階にわけて売却したということですね。そういうものを基にしてまた証券を作りました、それを「証券の組成」という。ですから、もとの価値を作っている生産と全然関係がないところで動く。

　一方、勤労者が住宅ローンを借りた場合には、自分が失業しなければ、給料から返済し続ける。そこでは関係があるわけです。しかし、サブプライムローンというのは、ひどいのは、「最初は元本返すのはいいよ、利子だけでいい」とか、「1年とか2年、利子をうんと低くてもいいよ」と。そして、借り手にこう言うのです。「今ね、アメリカの住宅価格はどんどん上がっているだろう」と、「そうするとこの元本になる住宅の価格も何十パーセントも上がるから、その時ローンを借り換えたらいいだろう」「もっと条件の良いのに借り換えられるから」と。これでみんなだまされたというのがサブプライムローンでした。

　それはともかくとして、とにかくまだ株式の場合は、生産が現実の資本の流れで価値を生み出す、価値を増やす運動がある、そしてそれと関連してその利潤の中から配当が出る。そして、それを基としていろいろ価格がつくわけです。これに対して、そういう動きと全然無関係なとこ

ろで証券がいくらでも作りだされてしまって膨れ上がるというのが、今の実態です。

　最近、日経を読んでいて近ごろの記事でおもしろいと思ったのは、だいぶいま株が下がったりしたでしょう、アメリカの有名な投資家なのですが彼はなんと言っているか。「いよいよ賭博も終わったな」と言っているのです。それで、「そろそろ家に帰らなければいけない」(笑い)。マルクスが最初に、「純粋な賭博場を大きくするのだ」と信用制度の役割を指摘しています。一方では、無数にありあまっている資本をかき集めて、大きなプールに入れて社会的に必要なところに流すというまさに私的所有をアウフヘーベン〔止揚〕したような形をつくる、と同時に他方では、これを本当に少数の金融ボスどもが握っていてですね、勝手に上げたり下げたりしてもうける。マルクスは「純粋な賭博場を作る」といった。それを最近のアメリカの投資家も「いよいよ賭博は終わったな」、「バクチが終わったな」とかいうようになっている。マルクスは160年くらい昔に記した言葉なんですが、だからなるほどと思った次第です。

宮川：ありがとうございました。時間がきましたので、質疑はここで打ち切らせていただきます。
　一言申し添えますといま、工藤先生が非常に分かりやすくご紹介いただいた架空資本なのですが、「架空資本」は fiktives Kapital、資本なのだけれども架空、架空なのだけれども資本のヒモがついている。ここの関連づけですね。現在、世界資本主義制度をどう見るかというときに、偏らない、一面的にならないためには、こういう基礎概念をしっかりと踏まえる。マスメディアでいろいろ取り沙汰されるケースでは、「架空性」の名目のとらえどころのなさ、あるいは計り知れない大きさに驚いてしまって、ここに目を奪われてしまう。けれども、きょうの工藤講演の基礎から固めたお話しでお分かりのように、世界資本主義の基礎を見失わ

ないようにすると、経済構造から生産の土台のところから大きな構造変化が起こっているという。このところがポイントですよ。だから、多国籍企業の新動向が冒頭にきた、配置されていたでしょう。それが、やはりマルクスの労働価値説にもとづいた、筋の通った現実的な見方なのだと、私も共感もって受け止めさせていただきました。その上に第二、第三の、まぁ「二階建て」、場合によっては「三階建て」とおっしゃっていましたが、そういう形で見る必要があります。架空資本というものも、資本としての生産活動を基礎に据えないと儲けが出てこない、剰余価値がどこから出てくるかわからない。じつは、架空資本が直接稼ぎ出す「キャピタルゲイン」、あるいは「利子」というのは、ここの産業資本のうみだす剰余価値（m）の一部分に由来し、ここにタカって汲みだすほかないのですね。

　資本主義の信用制度は大賭博場をつくりだすと言及されました。つきつめてみるとこれ、産業資本のうみだす剰余価値が賭博の元手、原資ですね、ここにちゃんとわたりをつけないと、架空が本当に架空になってしまう、糸の切れた凧のように。そういう議論は無意味です。目につく現象だけをなぞっているような議論では訳が分からなくなってくる。筋道だった理論を立てるためにも、架空資本だけれども資本の根っこがあります。工藤先生の講演レジュメのイラスト、利子生み資本の図式に描かれてありますので、ご確認ください。ここに生産過程が現実資本として横たわり、これに根ざして幾重にも重なって架空資本が膨れ上がる、このような関係を見届けないと軽薄な皮相な議論になってしまう。

　まだいろいろご議論もあろうかとおもいますけれども、打ち止めさせていただきます。現在世界の大きな曲がり角に来ている時に、工藤先生には、ご体調もかならずしもかんばしくない状況のもとで、日ごろの最新のご研究の成果、世界資本主義の現状について、コンパクトにとてもわかりやすく、渾身のちからを込めて、おまとめいただきました。このような貴重な勉強会の場が実現しましたことを、主催者としてみなさまとともによ

ろこびたいと思います。これを――先生のおことばどおり「遺言」、というふうには受け止めたくありませんが――、われわれあとに続く者がぜひしっかり受け止めて、今後学習・研究をすすめてまいりたいとおもいます。きょうは私たち、卒寿をむかえられた工藤先生から元気をいただきました。もう一度拍手でもってお礼を申し上げたいと思います。

工藤：無事、終わらせていただきました。元気もいただきました。まあ、これは、遺言ではないけれど（笑い）、何年先か何カ月先かわからないけど、なるかもしれない、ならないかしれない、どうか分かりません。だけれども、本当に皆さんから元気をいただきました、来てよかったです。

工藤晃講演　解題
要所キーワードを読み解く
〔工藤講演についての事前の勉強会における筆者宮川の紹介講話をもとに、加筆した。〕

宮川 彰

はじめに

　工藤晃先生からこのたびの講演会〔2016年4月9日「21世紀の世界的経済危機を考える」〕に向けた追加の資料のお手紙をいただきました。2月で卒寿を迎えたと添え書きがありました。この御年で、それでこれだけのもの（講演原稿）が書けるんですから、おそるべき90、先生をあこがれの的に、したいと思うぐらいです。これだけ思考力、分析の力を発揮して現代の世界の動きを掌（たなごころ）のうえにして洞察なさる、それが驚きなんですね。

　その添え状の文面には、すい臓がんを患って十数年、副作用があれこれ出て体力の衰えも目立ち始めた。体調が良ければという条件つきで、なんとしても二ヶ月後に控えたみなさんとの勉強会を成功させたい。これを励みに体調を管理して、気力、体力を保持し、勉強会にもっていきたい、という添え文が記してありました。ひじょうな意気込みのご様子です。去年の講演会〔2015年3月14日「世界資本主義の過渡──『資本論』の視点から」〕の際にも、これが「遺言」だとおっしゃってたんですけど、「今度こそこれが遺言です」、と（笑い）。こんな遺言なら何度あってもいいですけどね（笑い）。そういう経緯があり、並々ならぬ力のこもったご準備とご報告です。

　21世紀の世界的経済危機を考えるというテーマで、文字通りとても刺激的、啓発的な中身です。以下、事前に届いている講演原稿をもとに、私がみた、ご講演のサワリのようなものをご紹介、ご案内したいと思います。

1. 工藤所説の構想のみなもと
——資本論プランの「世界市場と諸恐慌」

　一見して非常に大きなタイトルですけれど、21世紀の世界資本主義がどんなふうに変貌を遂げたのか、テーマそのものにメスを揮われています。看板に偽りなし、その通りです。しかも前回と同じように、『資本論』の原理的な考え方を踏まえてみる、そういう視点が貫かれております。

　最初に掲げられた原稿の「はじめに」というところで、マルクスが生涯かけて取り組もうとした「経済学批判」の、当初の全体構想が紹介されています。じつは『資本論』の分析対象となっているのは、——当初の構想とは違って、執筆の過程で絞り込まれた結果の——一国規模での近代資本主義経済（さしあたりイギリスの）、よく呼び慣わされている「国民経済」です。イギリス古典派経済学者たちが取りあげていたのと同じように、「国民経済（学）ポリティカル・エコノミー」という分析対象範囲。俎上にのるのは一国国民経済なんですね。そういう考察対象の設定、限定のもとに『資本論』が分析されている。マルクス自身はそこにとどまらない世界史視野の世界市場規模の問題意識をはっきりもっておりましたが。

【マルクスの世界市場・恐慌の構想】それは、よく知られた唯物史観の定式に描かれた、近代社会の到達とその人類史上の位置づけ・見通しについての俯瞰を想起してみるとよくわかります。長い歴史的発展のうち、まだ序の口で本来の歴史ではない「前史」、そこでは、けものと同じように、狭い視野で物質的な利害関係をめぐる階級闘争に、損得をかけて生き延びるためのたたかいに、つまり生存競争・生存闘争に明け暮れするような、人類史の前段階であるというような位置づけで、近代社会までを区切っておりますね、その向こうに人類の「本史」が、本来の歴史が、開けるという人類史観です。そこに近代社会がつくりあげてきた一国経済規模にとどまらない、それを超える人類史社会のあり方というのは、当然視野にあるわけです。経済学批判体系というような構想の中に、近代国家の形で括（くく）られるところを超えたそういう展望があるはずですね。講演原稿の冒頭では、マルクスが経済学批判に取り組みはじめた同じころの、「経済学批判要綱」（1857〜58年執筆）

への「序説」にしるされた、五つの篇の構成プランが紹介されています。

　それを一瞥してみますと、第一に、「一般的抽象的な諸規定」〔つぎに登場する資本カテゴリーの前提をなすところの「商品」、「貨幣」をめぐる考察〕、それから2番目は、「ブルジョア社会の内部編成をなしている諸カテゴリー——資本、賃労働、土地所有」。これはちょうど現行版の『資本論』の第1巻から第3巻までの篇別構成に対応するもの、ですね。こういうものが社会の基本的な経済構造を形づくっている。そして3番目に、「国家の形態でのブルジョア社会の総括」、こういう見出しで、マルクスの構想のなかでひとまず中締めがおこなわれているんですね、ここで国家による総括が出てきます。

【国家の総括を突き破る現代の資本主義】今回のご報告は、『資本論』が直接テーブルの上にのせて分析対象としていた、国民経済すなわちブルジョア社会の国家による総括の範囲のなかでの経済運動法則、これを21世紀の資本主義は突き破って新しい経済構造をつくりだしている、——こういう鮮烈な問題意識ですね、それには私も深く触発されました。こんにちのグローバル化現象の数々も、これを手がかりにして考えていかなくてはならないなと改めて思いました。

　近代国家を超えたところに世界市場は開けてきますけれども、マルクスはそれについて、3番目の国家の総括のあとに、4番目に、「生産の国際的関係、国際的分業、輸出入、為替相場」という項目を配置し、最後に5番目に、「世界市場と諸恐慌」、で結んでいます。だから近代資本主義経済社会というのは、ここの構想プランで俯瞰されている通り、もともと狭い一国の範囲、日本なら日本、アメリカ合衆国やイギリス、そういう範囲にとどまるような性格をもつのではなくて、国際的分業関係、輸出入を介して世界市場へとどんどん自らの性格に基づいて展開し、そして世界を形づくっていくというようなことが、当然見通されてくるわけですね。

　改めて資本のグローバル化といわれている今日の状況を目の当たりにしますと、マルクスの資本本性についての見通しの確かさ、すごさというのを感じます。と同時に、古典的帝国主義や20世紀の帝国主義の時代とはちがった21世紀のあり方の特質についても、われわれは国民経済を超えて世界市場や世界資本主義の新しい様相をしっかりと俎上にのせて明るみにだしていかねばならないという、先生のご提起の視点がみえてきます。今回のご着眼の注力と力点も、この4、5番目な

のですね。

　ご講演のキーワードのもっとも重要なひとつは、「多国籍企業（Transnational Corporations = TNCs）」。資本グローバル化の潮流の台頭とともに、その動向は兆していたのですが、これが、21世紀型の世界資本主義の土台を特徴づけるカテゴリーとして、位置づけ直されるものです。カネ・モノ・ヒトのうちお金だけは、自由自在に世界市場を駆けめぐり、前世紀から先駆けてグローバル化を牽引することになりましたが、海外の現地工場で財・サービスをつくりだし、21世紀には、それでもって世界貿易市場の担い手で主役に躍りでてきた。これが、国際金融資本の膨れ上がりを加速し、また、アメリカの異常な対外不均衡を突出させて、史上最大の危機をもたらす経済実体の不均衡過剰をつくりだしていた、というのがお話のおおまかなシナリオです。

2．「一国の貿易収支は均衡する」という命題

　つぎには、したがってそこから出てくるような課題として、「一国の貿易収支は結局は均衡する」という命題（『資本論』第3巻第5編第32章（新日本新書訳（11）、894頁、MEW,S.533））、これがからんできます。一見おまじないのようなせりふですけど、もともとマルクスのものではなくて、古典派の常識的通念〔セー法則 Say's Law の命題〕、です（後述）。これにマルクスがいのちを吹き込んで蘇らせた、――という点に、工藤報告は注目します。金融などで膨れ上がりすぎてしまった不均衡累積に歯止めをかけ、"タガを締め直す"契機として、工藤報告は着目しています。

　ご承知の通り、経済活動は、国内的にみると産業循環という大きな波がありますね。経済恐慌が起きる。不況の局面がきてまた均衡が回復されて、それに続いて好況と好景気がおとずれブーム（繁栄）となって沸いて、あるいは大きくバブルに膨れ上がって、またはじけて経済恐慌になる。こういう特徴のある山、谷をえがく、浮き沈みという経過をたどる。そこで問題はこうです。そういう周期的経済恐慌というのはなぜ・どのようにケジメがつくか、です。経済の膨れ上がりと縮み込み、膨張・収縮、そういう振幅はげしい動きを、いったん整理して"締める"んですね。「恐

慌は、資本主義経済の内的矛盾の一時的爆発である、と同時に一時的解決である」（同上訳 (9)、425頁、S.259)）、というよく知られたマルクスの指摘があります。積もり積もった矛盾が耐えられなくなって爆発する。と同時に、爆発してガス抜きして、均衡を取り戻す、だからいちおう解決なんですね。だけれども、その解決は、市場経済の土俵の上での「一時的な」ものでしかない。ほんとうの解決は資本そのものが存在しなくなることですから、資本が続く限りは一時的な解決でしかなく、また再び矛盾を抱え込んで新たな旅に、山あり谷ありの産業循環の旅に、出ていく。経済恐慌は、そういう資本主義経済の発展径路をたどるスタートになっていく。

そのことを思い起こしていただければ、そういう恐慌のしくみをベースに、いまやグローバル化した世界の資本主義は、全世界市場規模でアメリカを盟主としてそういう規模で繰り広げられていく、——これが工藤先生の年来の強烈な問題意識です。そういう関連で、冒頭にマルクスの壮大な人類史の近代の段階の分析のための構想プランが描かれています。中締めに国家の形態でのブルジョア社会の総括とあり、それを超えたところの第4、第5番目の項目つまり世界市場にいたるまでのそういう資本の発展の行きつくところまで、つまり21世紀初頭の今日まで、だんだんはっきり見えてきた。

【スケッチふう結論】 結論的にスケッチふうに申しますと、こうでしょうか。米・日・欧主要国の産業活動を担う多国籍大企業によるグローバルな展開、これが世界の資本主義の「一大構造的変化」として基礎によこたわり、国際金融資本の膨張を引き起こすとともに、後者は逆に前者の構造変化を極限にまで促進させたこと。IMF体制〔国際通貨基金、ブレトンウッズ体制ともいう〕の崩壊後には、ことに1990年代以来、米国中心に海外直接投資が顕著に増大し、それが世界的な過剰生産を堆積させながら、米国の対外不均衡（経常および資本収支の）の飛躍的拡大をもたらし軋轢を先鋭化したこと。これらの矛盾の累積を背景として、2007-08年の信用不安のほころびをきっかけに、一気に諸矛盾が集中的に爆発した、と。したがって、a) 世界金融危機と、b) 世界過剰生産恐慌すなわち経済危機と、c) 米国対外不均衡の拡大の限界、これらa)～c) の同時の集中的な爆発は不可避で必然だった、——今回のお話はおおむねそういう趣旨で押さえることができましょう。

これまでにも、工藤先生の著作の中で、3層建築のイラストはお馴染みになって

いますね（工藤「講演録」図2、14ページ）。経済の実体的な土台を「1階屋」とすると、この上に金融資本の国際的取引や架空資本・金融資産の増長ぶりの動きが「2階屋」、——取りようによっては「3階屋」——というふうに、信用関係がやすやすと国家の枠組みを乗り越えて世界市場取引のネットワークを膨張させていく、というイメージを彷彿させてくれるものでした。今回のお話では、その拡大膨張の限度はなにか、限度はどこにあるか、つまり矛盾のありかというものを、リーマン・ショックを実証的事例にあきらかにしようとしたところに、重点がおかれているように思われました。じっさい原稿末尾のほうで、資本主義的生産様式の「終末期的現象」の兆しについて予言されています。

　ご講演の原稿では各種の基本データの図表が活用されています。たとえば世界貿易をとってみますと、よく言われているように実経済取引、実体経済のいまや数十倍ほどの規模で金融資本・ヘッジファンドによる名目的取引が繰り広げられている（2006年に商品・サービスの外国貿易取引額14兆ドルに対して外国為替取引額800兆ドルへ〈同上、図2〉）。そういう実証データに裏付けられて、金融貨幣資本の過度な膨張は必ず、均衡回復のために収縮せざるをえないということが、『資本論』の原理に基づいて理解され、見通されてくるわけですね。

3. 恐慌の二重の意義、セー命題をよみがえらせる

　工藤先生十八番(おはこ)の研究手法には、啓発されるところおおいです。マルクスの『資本論』や草稿のなかに書き記されているような、含蓄あると見込まれるキーワード、キーフレーズを見逃さず、それを手がかりにしながら、見通されていますね。そして、金融資本のかつてない最高の発展と世界的金融詐欺——あっちこっち頻出しますがそれはマルクスが使っている言葉なんですけど——そういう特徴づけで、このような金融資本主導の世界資本主義の膨張は必ずや収縮を避けること免れることはできない、と俯瞰する。そこに2008年来の金融危機の意義をしっかり繋ぎ止める、ということですね。

　さきほど取りあげた、「一国の貿易収支は均衡する」というふくみのある命題について、補足のコメントを付しておきます。工藤報告とどうかかわるか、若干解き

ほぐしてみておきましょう。『資本論』テキストでは以下の通りです。

「すべての経済学者によって次の命題、すなわち、一国の貿易差額は結局は均衡するはずであるにもかかわらず、支払差額はその国によって順または逆でありうるという命題のなかで承認されている。支払差額が貿易差額と区別されるのは、それが一定の時期に支払期限のくる貿易差額であるということによってである。

さて、恐慌が引き起こすのは、それが支払差額と貿易差額とのあいだの〔期限の〕差を短期間へと圧縮するということである。」（訳上掲同所（11）、894頁／S.533）

ご報告では、このテキスト部分が引用され、工藤先生は、最後の一文の命題（恐慌は支払差額と貿易差額とのあいだの期限差を圧縮する）に依拠して、現代的意義を汲みだしています。すなわち、アメリカが膨れ上がらせてきた巨額の対外不均衡も、いつまでもつづくわけなく早晩調整されざるをえない、恐慌による「解決」を免れえない、そういう見通しのための"しばり"の手がかりに繋げています。この"しばり"〔理論的枠付け〕、または膨張の限度という意味についてです。

【古典派の考え方、セー命題】古典派の常識では、市場経済の目的は、貨幣媒介を「ヴェール」とみてその覆いをとりさると、生産物の交換〔W1−W2〕に、帰着します。貨幣や資本の仲立ちがあるものの、それゆえそのことによっていかに取引が膨張しようとも複雑に媒介されることがあろうとも、結局は、生産物同士の交換に帰着させられて、誤って一面的にとらえられる。そこから金融資本〔G−G'、＝利子生み資本〕はもとより貨幣媒介さえ度外視されて、"資本主義的な"もしくは"貨幣経済の"という、独自の契機がすっかり捨象されてしまう。つまり目的が、たんなる生産物交換〔W1−W2、直接的な商品交換〕に還元されてしまってとらえられる。

ここから、ある商品W1を手放すことは「とりもなおさず」別の他の商品W2を受け取ることであり、商品の売り（供給）は「とりもなおさず」商品の買い（需要）をともなうことになり、などとひきずっていって、生産は購買や消費をつくり出す、引き連れてくる、などと導いて、結局、市場では大がかりな需給不一致や過剰生産恐慌など起こるはずはない〔部分的な不均衡が起きたとしても、やがて調整されて収まる〕、と結論づけます〔「セー法則」または「販路説」と呼ばれる恐慌否定説です。「生産は消費をつくり出す」なんぞは、こんにちのサプライサイド・エコノミクス学派の信条をなしていますし、もっと通俗的なところでは、企業収益優先論（「ダム」論、「トリクル・ダウン」

論）とも気脈の通じるものです〕。

　このように国内的に需給不均衡を容認しない古典派通説だけれども、外国貿易については勝手がちがっていて、〔遠隔地交易ゆえに〕商品生産物の輸出入とその支払決済とがおおきくズレることはあたりまえに承認されていたのですね。上記のテキストでマルクスは、この承認されている事情を確認しながら、とくに独り歩きする「支払差額」については、恐慌がそれを一気暴力的に決済に追い立てて、「一時的解決」をはかるんだという、恐慌の作用を指摘したという文脈なのです。

【セー命題のアイロニー】さて、「貿易差額」から「支払差額」が自立するという関係を古典派（セーや D. リカード学派ら）が承認するということは、——売りと買いとの分離、商品授受と支払い決済との分離、を容認し受け入れることですから、じつはそのこと自体、セー法則の破綻をみとめていることになるんですね。すなわち、市場における需給不一致の不承認をつまり需給一致を、かたくなに固執して過剰生産の攪乱なんぞあり得ないなどと否認していた、市場体制を擁護していた、そんなセー学説、販路説ですが、みずからを否定するという自家撞着に陥るハメになっています。ところが、これにはどんでん返しの弁証法の顛末がひかえています。

　テキストの記述においてマルクスが指摘、論及しているのは、そのような「支払差額」の独り歩きとそしてそれが膨れ上がるという可能性にかんして、経済恐慌の雷が落ちると、いっとき鎮まる、調整される、という点なのです。支払い期限の離反が短縮され、つまりは実体の貿易差額と支払い関係とのギャップが縮小して、一時的であれ「解決」される、と言ってのけてやっているのですね。工藤先生がご報告で引用されている狙いも、この辺の趣旨を汲みだすことにあったようです。アメリカは基軸通貨の特権にあぐらをかいてドルを垂れ流しし、巨大な貿易（経常収支）の赤字を累積膨張させてきた、その不均衡は早晩爆発せざるをえないという結論に、呼応し響きあっています。

　経済恐慌が起きるということは、世上の常識では、需要供給もしくは生産と消費との不一致が露呈する現象とみとめられ、セー命題が成り立たないこと、セー法則破綻の最たるあかし、ふつうにはそうみなされております。ところが、恐慌の勃発は、また他面で、「一国の貿易収支は均衡する」というセー命題をよみがえらせます。セーの法則がもっともつよくけぎらいし否認しているはずの恐慌が、実際

に爆発すると、じつは――皮肉にも――それを通じてこそ、セー命題が強調してやまない諸般の均衡がとり戻される、という怪しさ。国内需給のであれ、外国貿易収支のであれ、多かれ少なかれ不均衡が修復されその是正が実現されるという、これはアイロニー〔反語〕ですね。

【セー命題の"両刃の剣"ぶり】こんなおかしな皮肉っぽい関係が生じるのも理由がある。すでにみたように、恐慌の二面性に根ざすのです。累積した不均衡の「矛盾の爆発」であると同時にその「一時的解決」であるという、恐慌のもつ二重の意義です。こうした恐慌の二面性の作用を見失わずしっかり押さえることさえすれば、逆にまた、セー命題に含まれていた隠れた合理性に、光をあてることもできることになります。すなわち経済や貿易のいとなみの究極の目的、言い換えれば、"そもそも経済はなんのため？"というような素朴で初歩的な、それだけに原理的な、問いに対応するような、いつの時代どの社会にもあてはまるような本来の均衡というものが、喚び起こされてくる、というしだいです。

規範的に恒等式記号〔≡〕で表されるような図式、W1 ≡ W2、があります。この図式は、需給合致を固執する販路説が、商品流通 W1－G－W2 における貨幣の仲立ち（－G－）を見落としてしまうひどい短絡化思考であり、誤った一面的議論であるという点を、図式に晒して批判するために、しばしば使われるものです。が、"生産（＝供給、左辺の W1）あるのも、結局、消費（＝需要、右辺の W2）のため"と読まれるごときに、いまやこのことが、ブームやバブルで膨れ上がった空取引や架空経済の不均衡に限界のあることについての赤信号警告となり、その修復に向かって収斂するところの拠りどころ、その基準である均衡を、指し示すものとなるわけです。

ちょっと理屈っぽくなりましたでしょうか、ようするに、セー命題の具える"両刃の剣"ぶり、です。工藤先生のお考えのこだわりも、そこの辺りにあるのではと、私はお見受けしました。「すべての経済学者によって…承認されている」とおり、つまるところの究極の命題、「貿易差額は結局は均衡するはずである〔sich schließlich ausgleichen muß、結局均衡しなければならない〕」、年々の支払差額が貿易差額とギャップが生じて振幅が掻き起こされるけれども、数年ないし十年ほどの周期でやってくる経済恐慌でもって緩みすぎた不均衡が調整される。不均衡の巨大な膨張はいつまでも際限なく続くわけがなく、修復是正は不可避、必然であるという見

通しに、繋がってきますね。そのための、導きの指針にいかすこともできましょう。この点には、もうひとつ基礎の原理的な"しばり"に触れておかなければなりません。

4. 資本循環論・再生産論の視点
── G ─ {G─W…P…W'─G'} ─G'

世界資本主義のネットワークを駆けめぐる架空経済の正体というもの、蜃気楼や逃げ水のように、つかみどころがないんですね。いま世界の金融大資本でやり取りされているのは、工藤先生のご紹介のデータによれば、世界貿易額、実体経済の数十倍という大きさですよ。そういうアンバランス、不均衡があるというのはどういう意味をもつか。ほんとうに吹けば飛ぶような名目だけの空虚なものなのか、じじつ架空資本は影絵のようなしくみの評価ではじき出されたものであるのですが〔世界株安傾向で2015年5月ピーク時に比べて、直近では時価総額1600兆円の減、はかなく雲散霧消した、と（2016.2.11. 日経）〕。さりとはいえ、そういう名目額でも、帳簿のうえの数値にとどまるだけでなく現実通貨に換金されて物品を買ったり投資へ振り向けられる、そういうかたちに回して使われるなら、これはあきらかに実需をかたちづくってきますね。実体経済に及ぶわけですから、そこの関係づけがむずかしい。

【架空経済をマルクスはどう取り扱うか】マルクスもそこは気がかりだったようで、『資本論』第3巻第5篇で「きわめて困難な問題 die einzig schwierigen Fragen」（訳⑾822頁、S.493）と呼んで、「貨幣資本と現実資本」の関係について多数の文献抜粋をもとに延々と展開しているんですね〔第30-32章〕。その一端がさきにみた古典派セー命題の論評でした。その際、注目したいのは、マルクスの問題の立て方です。

架空資本をめぐる関係のうち、帳簿上のであれ名目のであれ、影絵のように、蜃気楼のように、写った影、幻影そのものを問題にするのではなく、やはり、「貨幣資本」とそれによって起動される「現実資本」との関係にいったん落として、繋ぎ止めて、問題を立てているという点です。第一に、この還元された姿こそ、経

験的に確証できる現実的リアルな資本の関係だからですし、第二に、架空資本の存立条件と儲けのこれまたリアルな源泉とに、ワタリをつけておくために必要だからです。影絵や蜃気楼をうみだしているところの、いわば、元の絵や実像を俎上にのせて、メスを入れるわけですね。蜃気楼や逃げ水の現象だけを追っかけるのに終始しますと、徒労に終わるだけですが、すこし知恵ある者なら、それら現象のもとになる幻影の成り立つ仕組みそのものに、目を向けますね。

架空資本による架空の名目上のキャピタル・ゲイン（資本利得）なんぞ、画餅か、はかない幻影、イリュージョンにおわってしまうことしばしばです。国債はもとより株式など有価証券は、——マルクスが指摘するように——独り歩きしはじめると「純然たる幻想的な資本を表わし」、名目だけの「純粋に幻想的な観念」（訳⑾803-4頁、S.482-3）になってしまうからです。目につくおもての現象だけから眺めていたのでは、空っぽな影絵ないしは舞い上がった幻影の名目的な成分なのか、それとも〔影絵の元絵にあたる〕現実の機能資本との結びつきがあるのかないのか、さっぱりわかりません。やみくもの表面的アプローチでは、架空 fictive と現実 real との識別ができないのですから。そこは労働価値説の出番。それにしっかり基礎づけて、それに裏付けをもつ限りでの、現実の物質的利害うずまくリアルな関係をテーブルにのせる、——マルクスが「貨幣資本と現実資本」として取り上げる、ゆえんですね。

第3巻テキストは、遺稿を素材にしたという性格上、マルクス自身が分析を尽くしたうえで読者に提供しているというわけじゃない。とにかくマルクスの考えやいわんとしていることを読者は汲みあげなければなりません。その点で、工藤先生の『資本論』の読み方、着眼・汲みあげ方、現代への適用の試みは、たいへんに勉強になります。今回テーマの直接基礎となっている考え方を簡単にフォローしてみておきましょう。

【世界恐慌と周期性】 (1) 利子生み資本の定式：$G—〔G—W…P…W'—G'〕—G'$、および、架空資本の図式、(2) 資本循環論・再生産論の視点、です。これらのリアルな現実資本、経済実体の動きに基礎づけてはじめて、過剰生産恐慌とその周期性が明らかになります。

第一の、利子生み資本の定式（$G—〔G—W…P…W'—G'〕—G'$）において一目瞭

然なとおり、近代的な利子生み資本が資本主義的生産に基礎づけられます。一つには、土台となる産業資本〔定式では中間のプロセスを支える過程（G―W…P…W'―G'）の部分〕を母体として、その貨幣資本の運動局面〔定式の出発点の「貸付け」G－と、終点の「返済」－G'が自立化し派生したものであること〔産業資本の外部に独立した貨幣貸付資本として G－〔…〕－G' が成立〕。いま一つには、その資本の儲けは、母体であり"宿主"であるところの産業資本の生みだす剰余価値に"寄生"して汲みだすほかない、という関係があきらかにされていることです。ほとんど自明すぎるほどのことのようですが、念入れて確認しましょう。議論のリアリティつまり現実味と歴史性を繋ぎ止める、肝心の結び目ですから。

　利子生み資本の前近代的形態である高利貸しの資本（G…G'）と比較すると、その特質がわかります。高利貸しの儲け（「利子」）の源は、殿様（領主）や公家・武家、商人、職人・百姓農民など相手がだれであってもかまいません。それら各種階層の資産や収入に寄生して富を吸い上げていたのに対し、近代的な利子生み資本の儲け（「利子」）の源泉は明白です。母体であった産業資本活動が生みだす剰余価値（＝産業利潤プラス商業利潤）に、すっきり一元化しています。資本主義が成熟すればするほどこの傾向ははっきりしてきます。

　ここから確認できることは、利子生み資本が自立化して独り歩きできるということの、「自由度」の確固とした基盤というものが与えられる一面で、同時に他面で、自由度の限度の範囲つまり舞い上がり膨張できる限界というものが、産業資本活動によってはっきり画される、という事情でしょう。この基礎付けは、利子生み資本と同じように、産業資本を母体としてその流通局面が自立化したところの商業資本の活動パターンにも当てはまることになります。「空（架空）取引」や「信用取引」などその自由度の範囲および限度について、さきに述べた利子生み資本に該当したことがそのままあてはまることになります。工藤先生が描いている、利子生み資本（架空資本）の図解を掲げておきましょう（図1、右ページ）。

　第二に、うえの基礎づけの関連から、おのずと資本循環論・再生産論の視点にたどりつくことができます。というのは、産業資本の運動のひとまとまりのケジメが「資本循環過程」であり、また、社会的総資本の相互に依存しあう関係の法則をあきらかにする課題が「再生産論」だからです。一つには、資本が資本である

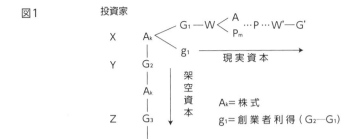

ことを証すには、かならず、「循環過程（G–W–G'）」を完結させ、増殖した資本価値での復帰（–G'）を成し遂げなければならないこと、利子生み資本であるならば、その循環を包摂したところの、貨幣貸付資本としての返済・復帰（G–〔…〕–G'）を成し遂げなければならないこと、を示してくれるからです。

いま一つには、しかも一国国民経済の広がりでみると、社会的分業の網の目状に依存し合うもとでは、諸生産部門のあいだの比例関係、および、生産と消費の比例関係に、条件づけられていることです。つまり資本家・地主階級と労働者階級とのあいだの社会的な消費についての比例関係によって、社会の生産全体が"しばり"を受けている、ということが示されます。工藤先生の講演原稿では、そこのところの狙いが、再生産過程の図式（図2）とともにマルクスを引用して示されています。この関係図は、「生産的消費と個人的消費の両者を包括する。この消費は、資本家階級と労働者階級との再生産（すなわち維持）を含み、それゆえまた総生産過程の資本主義的性格の再生産をも含む。」（『資本論』第2巻第3篇、訳(7)625頁／S.391）

図2●社会的総資本の再生産過程と消費

生産手段部門　Ⅰ　　　　$xC + yV + ym$　　　　$= Z$
消費手段部門　Ⅱ　　　　$x'C + y'V + y'm$　　　$= Z'$
社会的総生産物　　　　　　　　　$= Ⅰ + Ⅱ = Z + Z'$

これら資本循環論・再生産論を基礎に敷くということは、循環完結という時間経緯（支払い関係）の"締め"と、そして、市場の社会的分業関連の広がりにかんでくる比例条件という"縛り"とで、経済実体の動向にしっかりリンクさせることを意味します。言い換えると、金融・架空資本の運動を、糸の切れた凧のように野放図に切り離して取り扱ってはならない、という視点に立つことのメッセージです。〔ここで、「一国の貿易収支は均衡する」というあの、よみがえらせられた"歯止め"の命題と呼応しあうことになる、という点が確認できるでしょう。このように私はお見受けしました。〕

　と同時に、このことは、世界市場恐慌による"締め""縛り"のケジメが、ある「周期性」をもって現われること、世界資本主義の実体経済における山・谷のある産業循環にふかく規定されるものである、という見方に立つ、工藤先生のメッセージでもありましょう。

　ご承知のように、近年にも、1987年の米国ブラックマンデー、1997年国際通貨危機・日本金融危機、そして2008年リーマン・ショックといったぐあいに、判で押したように十年前後の周期でもって、大嵐つまり経済恐慌が襲い、矛盾の爆発と解決との波動を繰り返してきています。

【世界金融危機の周期的来襲】 なぜ判で押したような周期波状の運動形態なのか？世上議論されている、国際金融市場の名目価額の揺れにつきしたがい追いかけるような〔現象皮相的な〕見方や、金融・信用論観点のとらえ方では、たち打ちできません。周期性を説明することは不可能なのです。というのも、いまや、とりわけこの金融・信用分野こそは「アルゴリズム（取引）」（コンピュータ高速取引）の時代、一千分の一秒単位で競い合って、予測分析・投資判断を繰り返す世界なのです。すぐわかるように、砂粒や水滴のような取引が繰り返されるような条件のもとで、——そこでは均されて静かな凪こそ促成されましょうが——山・谷ありの、大きな寄せ波・引き波のうねりというものを作り出すようなメカニズム、そんな波動を説明できるような要因は、みあたらない、からです。グニャグニャの軟体動物やアメーバふうの動きになってしまい、規則的な周期波動をかたちづくる説明要因はなにもないのです。逆に見てみますと、もし信用不安が原因と言うなら、なぜ爆発が金融不安の取り沙汰されるそのつどに、あるいは毎年にさえ、勃発しないのか？　あ

るいは反対に、信用制度の完備によって二、三十年先に猶予するかもしくは永遠になくしてしまうことが出来ないのか？　金融論アプローチではこれに答えられないのです。

【信用論的恐慌説の限界】かつて90年も前（1925年）にドイツのシュピートホフという学者が、信用の過不足を要因にみたてて景気交替の浮き沈みを解明しようとしたことがありました。が、やはり、上にみたような周期性の捉え方をめぐって基本的な難があり、その信用論的景気学説は致命的なアキレス腱をかかえることになりました。同様なことは、商業上の売買連鎖でもって、ときに「土地転がし」のように、カラ需要・カラ（架空）取引で膨れ上がらせられる売買不均衡に起因させて恐慌をとらえるような見方にも当てはまることになりましょう。

　「資本循環論・再生産論の視点」とは、なかなか地味な構えで、華々しいものでもありません。『資本論』視点の具体化としてむしろ必要な、ごく正統的な手順だと思われます。が、以上にコメントしたような意義を拠りどころとして、工藤先生のお話の視点と結論には、「一階屋」の経済実体と、「二、三階屋」の架空的経済とがリンクされようとしているのではないか。世界資本主義のまずは産業活動の基盤が固められ、それに国際金融活動の大膨張をつなぎとめて、土台における「一大構造変化」を見極めようと、つよく意識されているのではないか、と思われます。今般の21世紀初頭の世界の金融・財政危機を、経済危機をベースに捉えようとするアプローチが追求されています。従来行われている議論の偏りや不備の「轍を踏まない」ようにとの考慮ないし批判が、はっきり込められている、と私はお見受けしました。

むすびに――「資本は生産を支配する形態として自己の解体に従事している」

　さいごは、資本主義の末期、未来社会にかかわる素描ものです。原稿末尾に、工藤先生が注目されている、非常に印象的な結びのフレーズがあります。1857～58年執筆の「経済学批判要綱」（大月版『資本論草稿集』2　p.481,482）のマルクス

の言葉です。

　資本が発展し成熟すればするほど、「生産（使用価値の創造）の規定的原理としての直接的労働とそれの量がそれだけ消えうせ、量的にもそれだけ小さい比率に引き下げられるとともに、質的にも、不可欠ではあるが下位の契機として、すなわち一面で…、一般的科学的労働…に比べて、また…社会的編成から生じる一般的生産力…に〔比べて〕下位の契機として、引き下げられる。／資本はこのように、生産を支配する形態としての自己自身の解体に従事している。」

　そして、講演原稿ではマルクスのこの見通しの現代的あらわれとして、IT産業の発展ぶりが挙げられています（アップル社、マイクロソフト社、"ユニコーン（一角獣）"と呼ばれる巨大ベンチャー企業の簇生（そうせい））。遠大かつ深遠な、人類史をつらぬくひと筋の、避けては通れぬ未来径路、を垣間見させてくれるようでもあり、いささか予言のようなせりふでもあります。複雑に論点がからまっているようで解きほぐしがたい、謎めいたフレーズです。

　労働者があせみず流して従事する「直接的労働」が、量的にも、質的にも、生産の「下位の契機に引き下げられる」とは、比重を低めるとは、いったいどういうことでしょうか？　また、それとともに、資本は「生産を支配する形態として」「自己解体」をおしすすめるとは、どのような意味合いでしょうか？

【科学的直観か予言か】　労働生産力の高まりが、早晩に、それを動かしてきた資本の生産関係と適合しなくなり、資本関係を、身の丈の合わなくなった手狭で窮屈な器として、破砕しアウフヘーベンする、――これはよく知られた、革命的な社会変革の原動力をなす社会矛盾のしくみですね。上掲の「要綱」のキーフレーズは、同じ時期にマルクスがまとめた唯物史観の定式（1859年『経済学批判』序言）に重なるものがあることは、あきらかでしょう。生産力が高まると、「直接的労働」が「量的に」比重を低めるという側面はすなおに理解できます。生産力の飛躍とともに、生産物成果が溢れるほどにもたらされ、商品価値の単価を大きく引き下げるもしくは価値総額を増やすでしょう、――こうした交換価値の径路・ゆくへについては、そのかぎりでよくのみこめます。

　とはいえ、マルクスは、「質的にも」、生産の「下位の契機に引き下げられる」と述べています。自然科学の応用がすすみ科学的労働や労働編成上の社会的結合力

が格段にアップすると、「直接的労働」の比重が引き下げられる、と言いはなっております。この、"質的な比重の低下"という点がくせもの、とても難解ですね。やや比喩的に、「必要労働」にたいして自由な「剰余労働」の飛躍的拡大というふうな、未来社会を素描したものと解釈できなくもないでしょうが。おまけに、「資本はこのようにして」生産の担い手としての「自己の解体に従事する」などとも。生産力と資本関係とのあいだの矛盾のありようとして、どのような具体的な衝突、軋轢のすがたをイメージしたらよいでしょうか。

【『資本論』の未来社会論】 数年後に執筆された『資本論』またはその草稿では、資本の止揚（アウフヘーベン）の道すじを、もっと別のかたちで、資本主義的経済法則に即して、多様にきめ細かく緻密に、分析されることになります。第1巻（第7篇）では、富の資本主義的取得〔領有〕形態をふまえた「資本蓄積法則」の帰結として、"収奪者が収奪され" "資本主義の弔いの鐘が鳴る"という道すじとして。第2巻（第3篇）では「再生産の法則」を基礎におく「恐慌の発展した可能性」に照らして合理的な社会管理の必要・必然性をしめすことにより。また、第3巻（第3／5篇）では、「利潤率低下傾向の法則」で引導（レッドカード）を突きつけつつ、信用制度の寵児「株式会社」組織で未来社会に橋渡しする、というぐあいに。みごとに体系立って、資本主義的生産様式の歴史的使命とその終焉の幕引きとを、展望しているのですね。

　さて、くだんのマルクスの「要綱」のキーフレーズは、どのような含意を託されたものでしょうか。後年『資本論』で分析がほどこされることになる、そうした熟した過渡期・未来社会論にたいして、荒削りではあるが大筋を直感的に先取りするものとみなせるでしょうか。それとも、経済学をいささか超えたところで、弁証法的洞察を自由に使いこなすことのできる練達の予言者のなせる透視ワザなのでしょうか。

　紙幅がつきたようです。以上、みてまいりましたように、工藤先生の長年にわたる『資本論』研究のおかげで、現代の資本主義諸現象を解読する手がかりを得ることができました。マルクスの埋もれた原石のような珠玉の章句がいくつも嗅ぎ出され、掘り起こされ日の目を浴びて、ご講演原稿のなかでよみがえらせられることとなりました。これらにさらに磨きをかけ、現代の複雑で不透明な諸現象を解き明

かす武器として、もう一回り二まわりも活かしていくことは、私たちに託された宿題であろうかと思います。拙「解題」コメントがそのためにいささかなりとお役に立つならばら、さいわいに思います。

「研究ノート」

2015.3.31〜2016.4.19

工藤晃「研究ノート」 解題
思索沸き立つ厨房に立ち会う

宮川 彰

　ここに公刊されるのは、工藤晃先生の日ごろのご研究の足跡をしるした、ご愛用の「研究ノート」最新の2冊です。

　「工藤工房（書斎）」から産みだされたかけがえのない史料といってよいでしょうか。直筆ノートを一覧すると、工藤先生の結論だけでなく、結論を導きだした思考過程や、そのためにどんな文献を読み、どんな角度・視点で考察をすすめたのかといった、いわば"思索の湯気沸き立つ厨房に立ち会う"ごとくに、実感することが出来ました。

【「研究ノート」の書誌】　B5版の大きさの市販の糸綴じ罫線入り大学ノートに、表題と副題等データがそれぞれおもて表紙に次のように記載されています。

⑴ 第一冊目の表紙には、「 2015-1　再われわれの視点—4　──Post：〈今日の世界資本主義と『資本論』の視点〉2014.4,／p.125〜2015-2ノートと合わせて──」、ページ総数74ページ。

⑵ 第二冊目の表紙には、「 2015-2　再われわれの視点—5　──『経済学をいかに学ぶか』出版後のノートからのノートとして出版しておきたい。／「再われわれの視点—4」ノートのp.125〜p.197と合わせて──」、ページ総数119ページ。

　この2冊のノートは、2015年3月31日から2016年4月19日にかけて執筆されました。第一冊目の冒頭目次欄の欄外には「2015.3.31〜10.11」という記載が認められます。工藤さんの直近のご研究の公刊は『今日の世界資本主義と「資本論」の視点』(本の泉社) 2014年12月刊でした。また、この本の出版を記念して2015年3月14日には、公開の工藤晃講演会（「世界資本主義の過渡―『資本論』の視点から」東京学習会議・Das Kapitalを読む会　主催）が行われている経緯にてらしてみると、その催事を一区切りとして、2015年3月末以降の執筆分にあたると思われます。そして第二冊目の末尾には、2016年4月19日付けの「熊本地震のナゾは大きい」の書き出しの最終ページでノートは終わっています。

　とはいえ、記事の頭出しには、2007年やそれ以降に先行作成されたノートへの

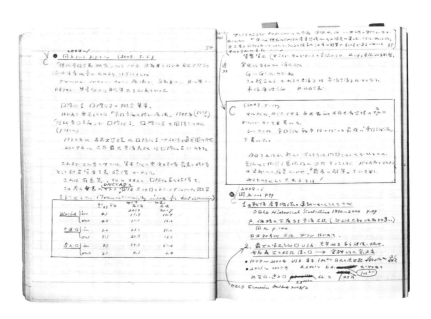

関連または参照指示が多数記入されています。このように先に書き上げられた複数冊のノートや諸著作のあとにも、2007-8年の史上最大の世界経済危機のテーマを中心として引き続き強い問題関心のもとに考察が継続され重ねられていて、データ収集や分析の深化がすすめられている様子がうかがわれます。

【ノートのジャンル別編集】　ノートの記述は、著者の問題意識や内発的な関心の趣くまま、あるいは文献繙読に誘われて、自在に書きすすめられています。ある時機に著者自身の手で、A～Dの四つのジャンルに整理されました。「A.『資本論』、グルントリッセ〔マルクス「経済学批判要綱」のこと、草稿類を含む…宮川〕」、「B. 方法論　アリストテレス、ヘーゲル」、「C. 世界資本主義　経済の構造的変化」、「D. 中東　アフリカ問題」、とテーマ内容別におおくくりにしたジャンルが示され、記事のまとまりごとにA～Dの印が書き込まれました。そして、今回の公表では、ノート執筆の順序のままではなくて、――工藤さんのご意向もふまえて――このA～Dのジャンル別にとりまとめ、そのもとでほぼ編年史的な順序でノート記述を配列し直しました。以下、ジャンル別のひと口紹介です。

ジャンル「A.『資本論』、草稿集」：　このジャンルAは、Bの方法論およびCの世界資本主義論とならんで著者畢生の長年にわたる主要テーマですが、とくに『資本論』およびマルクス草稿類の研究は軸線をなしています。先行研究として『マルクスは信用問題について何を論じたか』（2002年、新日本出版社）、が公刊されているとおり、著者は世界情勢の動向と問題意識の指向とにしたがって、たえずマルクスに立ち返ってこれらの文献を繙読し、読み解きを継続してこのテーマの識見を高めてきたことがわかります。

　前掲の講演録の「解題」でも触れましたように、マルクスの珠玉のキーワード（言葉）やキーフレーズ（章句）を掘り起こし、それらを巧みにアンカー（錨）のように駆使して問題解明にあたっていることがうかがえます（前掲の講演録「解題」をご覧ください、52ページ）。社会的な生産力発展を歴史の推進基軸に据えるブレない視点は、利潤率の傾向的低下と利潤量の飛躍的拡大とをともなう原理にもとづいて、世界経済の構造変化ならびに国際金融資本の肥大化と、そしてそのもとでの史上最大の過剰生産・金融不均衡を析出し、その崩壊が不可避であることを見通しま

した。

ジャンル「B. 方法論　アリストテレス、ヘーゲル、レーニン」：　2011年の著書『マルクス「資本論」とアリストテレス、ヘーゲル』（新日本出版社）、に未収録だったもの、または再論、補遺のような記述記事が収められています。工藤さんは、読み親しんできたアリストテレスの著述のなかに、ヘーゲルや『資本論』のモチーフとなるような要素、「弁証法」や「唯物論」の見方を、見出しているようです。例えば、アリストテレスにおける弁証法的な見方に注目した抜粋例です。「すべてのあるもの〔存在〕は、或る一つの原理との関係において存在といわれるのである。（中略）あるいはこのように実体との関係において言われるものどものこれら〔生成・消滅・欠除・性質・等々〕であるがゆえに、あるいはさらにこれらのうちの或るものの・または実体そのものの・否定であるがゆえに、そう言われるのである。」（『形而上学』第4巻第2章）。

　これは、マルクスが『資本論』第1巻第2版あとがきの末尾に記した、弁証法の真髄を彷彿とさせます。「弁証法は現存するものの肯定的理解のうちに、同時にまた、その否定、その必然的没落の理解を含み、どの生成した形態をも運動の流れのなかで、したがってまたその経過的な側面からとらえ、なにものによっても威圧されることなく、その本質上批判的であり革命的である」（新日本新書版訳(1)29頁、S.27）。

　また、同じくアリストテレス唯物論を注目する引用例です。「我々が一度も星を見たことがないとしても、それにもかかわらず、思うに、星は依然として、我々の知っているのとは別の永遠的の実体として存在しているであろう。そうだとすれば、いまここでも、たとえそれが実際にどのような実体であるか知りえないにしても、何かそうした実体の存在していることは確かに必然的である」（『形而上学』第7巻第17章）。

　このように、「弁証法」「唯物論」等の見方の継承と発展のあゆみを、私たち読み手は改めて思い知らされる機会に出会うでしょう。

ジャンル「C. 世界資本主義　経済の構造的変化」：　国連の統計資料 WIR など最新の統計データを駆使した先駆性と説得力に圧倒されます。インターネットの時代にこそ、最新の統計データと対峙する工藤さんの研究姿勢から教えられるこ

とがたくさんあるように思われます。

　近年の世界経済危機の分析、とりわけその経済構造変化の解明と世界動向をめぐる大局的な歴史認識の俯瞰については、1998年『現代帝国主義研究』（新日本出版社）以来、系統だって深められてきました。とくに2008年9月のリーマン・ショックをきっかけに、旺盛な諸著作によって解明の新たな研究ステージに踏み出されました。2009年『資本主義の変容と経済危機』、2013年『現代帝国主義と日米関係』（以上新日本出版社）、および2014年『今日の世界資本主義と「資本論」の視点』（本の泉社）では、このジャンルにおける手堅い実証データに基づいた研究成果が結実し、類書を抜くような、全体構造に切り込んだ説得力のある所説を、築き上げるのに寄与しています。

　本書所収の前掲「講演録」は、これら一連のご研究を総括する総集編として位置づけられるように思われます。著者は、マルクスの引用、「資本が資本自身を発展の妨げと感じるようになると、自由競争を抑制することで、資本の支配を完成する形態へ、同時に資本が立脚する生産様式解体の形態へ逃げ道を見出す」（邦訳『マルクス草稿集』（2）p.409）を引きながら、現段階の到達点の帰結を導いています。「これまで見てきた90年代〜21世紀の世界資本主義の構造的大変化の数々の事柄とあわせて、今日資本主義生産様式の終末的現象がかつてなく大きく現われるようになった」（工藤「講演録」、24-25ページ）、と。

ジャンル「D. 中東　アフリカ問題」：　この研究テーマは、中東世界情勢の深刻化を背景として、工藤さんが『現代帝国主義と日米関係』2013年で「中東の不安定弧」に触れて以来、ご研究の比重が高まったものです。工藤さんの問題意識の端緒は、ノートでもおびただしい引用記述で示されるように、浩瀚なタミム・アンサーリー著『イスラームからみた「世界史」』（2011年刊、紀伊国屋書店）、を読みすすめたことに、見ることができるようです。

　引用からうかがえるのは、昨今のマスコミ報道で氾濫する「シーア派 vs. スンニ派」のような単純皮相な対立図式とは異なって、イスラム圏での宗教改革運動の時代にさかのぼるなら、サウジアラビア、イラン、エジプト・シリア・アフガニスタン等の三つどもえの潮流の影響と、ヨーロッパ、オスマントルコ、ロシアなどの覇権主義が複雑にからみあって、今日のイスラム社会が形づくられてきたという歴

史が、重点的に学びとられているようです。工藤さんにとっては、中東・アフリカ問題は、現代帝国主義の支配の本質的な現われに位置づけられ重視されてきたとみてよいでしょう。
　この文献には、アメリカの歴史学者フランシス・フクヤマによる冷戦終結をもって「歴史の終わり」とみる見方に対して、イスラーム・ムスリムの側から放たれた印象深い批評の言葉があり、工藤さんによっても書き留められています。「歴史が終わりに近づきつつあるだって？　とんでもない！　歴史は今まさに面白くなってきたところなのだ」（本書 200-201 ページ）。ここからは、資本主義の矛盾を乗り越え、新しい深部のちからを見抜いて歴史を切り拓こうとする、著者ご自身の強いメッセージが込められているように感じとることができましょう。

……………………………

【ノート14冊におよぶ分析実証の積み重ね】　以上、「研究ノート」執筆状況の一端からも垣間みられるように、工藤晃さんの研究のスタイルは、世界資本主義（現代帝国主義）や現代に生起する諸問題について、どんな問題にも、アリストテレス、ヘーゲル、マルクス、レーニンにその都度たち戻って、『資本論』に立ち返り、分析の方法論に沿って、思索を重ねられています。前人未到の研究成果は並大抵のものではないように思われます。と同時にその成果が、「研究ノート」の足跡をたどることによって、一歩いっぽの学識と実証の地道な積み重ねのたまもの以外のなにものでもないということを、あらためて私たち読者に伝えてくれるのではないでしょうか。
　「ノート」第二冊目の最末尾ブロックの一段落には、ご自身の14冊におよぶノート歴を、つぎのような記載で回顧されています。「『経済学をいかに学ぶか』〔新日本出版社、2006年〕終了後、最近の世界資本主義の構造的変動をいかにとらえるべきかの問題へ、『われわれの視点』の段階へすすんだ。／われわれの視点 -1　2006年10月／同視点 -8　2010年 -2／第3部第3篇 -1　2011年 -1／再われわれの視点 -1　2012年2月　2013年1月／同視点 -5　2015年2月／　14冊のノートにおよんだ。」とメモ書きされています。「学問の厳しさ、学問の楽しさ」というものに触れる機会をつくっていただけたことを、工藤さんに感謝申し上げたいと思います。

【生存率「ミスター5パーセント」】　2016年4月9日講演会の席上、工藤晃さんは、すい臓がんを手術して14年。12年までの生存率標準が5パーセント。ご自分で「ミスター5パーセントです」と紹介されていました。世評では、がんを患われた方の治療で最適なもののひとつは、いかに免疫力をあげるかだといわれています。工藤さんにとっては、ご自分の日々の問題意識をもたれてのご研究が、最大の免疫力向上につながっているのではないでしょうか。工藤晃さんの、明晰な思考力、強靭な生命力こそは、今回のノート起こし作業をつうじて私たち作業者一同がみな第一番に感じたことでした。がん治療にとっての研究対象に値する値打ちがあることで、——不謹慎な申しぶんでしょうが——工藤さんはがん治療と医学会にも貢献されているのではないでしょうか。

【「登攀に成功」、山から下りる】　最後に、——雑録記述として今回の収録では割愛しましたが——最末尾の段落には以下の言葉が見いだされます。
　「4.9　学習会、無事終了。二、三日前から、血圧高くなり、不安定。クスリを余計に呑んで行った。……／4.9　学習会講演で10年にわたる研究『われわれの視点』の苦労した峯々の登攀(とはん)は成功した。…山から下り、ゆっくりできるようになった」と。
　著者によるこの「成功」吐露のひと筆を目にして、私たち作業協力者（主催者）はどんなにかうれしく共感し、癒されたことでしょうか。

　工藤晃「研究ノート」の〔直筆〕文字起こし入力作業には、講演を主催した団体の、山近肇、島長國積、玉木誠也（以上「Das Kapital を読む会」）、山本幾猛、阿部克（「東京学習会議」）が分担し宮川彰が監修しました。工藤さんの直筆はいささかクセ字の味わいあるものでしたが、分担者の『資本論』識見で解読を乗り切ることができました。また、直接「ノート」を実見し読み解いた感想もお寄せいただき、この解題に反映させることができました。記して感謝申し上げます。

※手書きのノートをどのように組んだかという作業方針、いわゆる凡例にあたるものは220-221ページをご覧ください。

A 『資本論』、草稿集

マルクス『資本論』第2部　第3篇　　　　　　　　　　　　　　　ノート2004-2

　年生産物は、社会的生産物のうち、資本で補填する部分（社会的再生産）を含むとともに、消費元本にはいりこんで労働者と資本家によって消費される部分をもふくむ。したがって、生産的消費と個人的消費の両者を包括する。この消費は、資本家階級と労働者階級との再生産（すなわち維持）を含み、それゆえまた総生産過程の資本主義的性格の再生産をも含む。〔訳Ⅱp.629,630、S.391〕

　（注意）社会的生産物＝消費元本と資本を補填部分＝社会的再生産であって、蓄積元本とではない。

Ⅰ資本を補填する（社会的再生産の）部分と、Ⅱ資本家階級と労働者階級との個人的消費とに向けられる消費元本と、総生産過程の資本主義的性格を再生産する。

(1) 資本は第1に生産関係（階級関係）であるとともに第2に運動である。

(2) 社会的総生産物は、資本を補填する部分＝社会的再生産の部分と資本家階級と労働者階級との再生産をふくみ、すなわち総生産過程の資本主義的性格の再生産を含む。

マルクス『資本論』第2部　第1篇

　　ノート2005-2『経済学をいかに学ぶか』6　**p.77**、(「経済学をいかに学ぶか」10　**p.67**)

　「資本主義的生産の基本条件──賃金労働者階級の定在──を生みだすその同じ事情は、あらゆる商品生産の資本主義的商品生産への移行を促進する。

　資本主義的商品生産は、それが発展するのと同じ程度にあらゆるより古い、主として直接的自家需要を目的として生産物の余剰だけを商品に転化する生産形態にたいして、分解的解体的に作用する。

　それは、さしあたり外見上は生産様式そのものを侵害することなしに、生産物の販売を主要な関心事にする──たとえば、資本主義的世界貿易が、中国人、インド人、アラビア人などのような諸民族に与えた最初の作用がそうであった。

　しかし、第2に、この資本主義的生産が根をはったところでは、それは、生産者たち自身の労働にもとづくか、または単に余剰生産物を商品として販売することにもとづく、商品生産のすべての形態を破壊する。それは、まずもって商品生産を一般化し、それからしだいに総ての商品生産を資本主義的商品生産に転化させる。」

マルクス『資本論』第3部　第3篇　利潤率傾向的下落の法則

『経済学をいかに学ぶか』10 **p.135**

「増大した資本が増大する前と同じかまたはそれより少ない剰余価値総量しか生産しないときは、資本の絶対的過剰生産が生じているだろう。すなわち増大した資本 C+Δc は、資本 C が Δc だけ増大するまえに生産したよりより多くの利潤を生産しないか、またはそれより少ない利潤しか生産しないだろう。」〔訳Ⅲa p.426、S.262〕

日本の失われた20年、国内市場に限ってみれば、それに近いようだが、日本の資本——大資本はTNCs（多国籍企業）になっている——海外子会社が生み出す利潤総量は増大つづけた。

『経済学批判要綱』ノートⅥ メガ2

ノート2007-2（『経済学をいかに学ぶか』10）2005-2

p.479「資本の完全な発生がはじめて生ずる（資本が自己に対応する生産様式をはじめて措定した）のは、固定資本がその生産過程内部で労働に対立して機械として登場するときであり、生産過程全体が労働者の直接的技能のもとに包摂されたものとしてではなく、科学の技術的応用として登場するとき、生産に科学的性質を与えることが資本の傾向である。直接的労働はこの過程のたんなる一契機になるにすぎない。」

p.481-482「労働時間が——たんなる労働量が—資本によって唯一の価値規定的要素として措定されればされるほど、生産（使用価値の創造）の規定的原理としての直接的労働とその量とがそれだけ消えうせ、量的にも、それだけ小さい比率に引き下げられるとともに、質的にも、不可欠ではあるが下位の契機として、すなわち一面からみれば、一般的科学的労働、自然諸科学の技術的応用に比べて下位の、また〔他面からみれば〕総生産の社会的編成から生じる一般的生産力〔社会的労働の自然の天性として〈歴史的産物であるにもかかわらず〉あらわれる〕に比べて下位の契機として引下げられる。資本はこのように、生産を支配する形態としての自己自身の解体に従事している。」

ノート2007-2（『経済学をいかに学ぶか3』p.4）

1.『経済学批判要綱』〔固定資本と社会の生産諸力の発展〕

「ノート10では私は1〜6の要約を記している**(07 2/18)**

(1) 資本主義的生産の発展が資本そのものの土台（労働量が資本にとって唯一の価値量）を解体する。

(2) 資本主義的生産の発展が信用制度を発展させ、他人労働の搾取による致富とならびに、その上部に純粋なギャンブルによる致富の体制をつけくわえる。さらに金融貴族どもが産業全体のリストラ、M&Aがかれらのギャンブルのもうけのためやられるようになる。

(3) 生産諸力の発展にともない、資本の拡張が一般人民にとっての就業機会であることを弱めていく。

(4) 資本主義的生産の発展は生産諸力の絶対的発展をすすめ、それに照応するグローバリゼーションの方向をおしすすめる。地球上各地で自立的発展の道をすすむ諸エスニック・グループの生活が外部からおびやかされる。

(5) 生産諸力の絶対的発展の傾向は、人間の生存条件そのものをますます急速に破壊する。

(6) 生産に科学的性格を与えることがさらに進めば、一方では直接的労働者の地位がさらに引き下げられ、派遣労働者化、契約社員化、パート労働者化、海外生産比率の高まり、ワーキングプアの増大、他方では研究開発費の膨張、現存資本価値の不断の破壊がすすむ。

2007-2

p.6　『経済学をいかに学ぶか』第10章問題

1. 世界的にいま人々のマルクスへの関心がたかまっている。しかし、いざマルクスの文献を読もうとすると、私のいう二つの難関——第一の難関はヘーゲルぶり、第二の難関は、第1部、第2部、第3部構成で完成される予定が、マルクスの死で未完成に終わったこと。

2. 第二の難関については、私はとくに第2部を中間項として剰余価値から利潤、一般的利潤率の法則への理解がすすめられることを明らかにしようとつとめた。

3. さらに第10章で、資本主義的生産の全歴史は、第1部、第2部、第3部を総

合して明らかにされることを明らかにしようとつとめた。なぜなら、マルクスの仕事が未完成に終わったため、ほとんどの読者は、第1部からだけ資本主義の将来を理解するようになった。資本の集中、独占、収奪者が収奪される。この展望は、レーニンが先頭に立ち切り開いた歴史の現実によって裏打ちされたが、「全般的危機論」に還元されるようになった。

4. 第10章2の内容について

(1)▶第1部　資本主義的蓄積の一般的法則

① 資本主義的生産関係が物質的生産力の一定の発展段階との対応関係のなかで明らかにされ、

② ひとたび資本主義的生産関係が確立されると、資本主義的生産に独自な生産力の発展があらわれ、それとの交互作用で資本主義的生産関係の発展の変化が明らかにされる。

③ 資本主義的生産の発展が必然的にともなう諸矛盾、その拡大、

a. その基本矛盾がここで明らかにされる。

生産の社会化——資本主義的取得の法則の支配

資本の集中——社会化された巨大な生産諸力がますます少数にとっての致富の手段（$G-G'$）であるにとどまること。

b. 剰余価値（絶対的および相対的）生産の手段が、資本蓄積が、一方の側の富の蓄積と、もう一方の側の貧困の蓄積の両極化をおしすすめること。

また、蓄積の進行、総資本の増大にともない、労働者に対する需要の低減〔4つの要因〕

(2)▶第3部　利潤率の傾向的低下の法則

それは資本主義的生産の発達——資本主義的蓄積の進行——にともなう法則であるが、この法則は第1部で明らかにされた資本主義的蓄積の進行をおしすすめる動因ともいうべき作用をはたす。これは第1部と第3部とを総合して見なければならない理由の一つ。しかしそれだけではない。

もし第1部からだけ展望を考えると、資本の集中、独占、資本主義的生産様式そのものが社会的生産の発展の桎梏となる。ゆえに打破しなければならない…。

しかし、第3部をあわせて展望を考えるとき、資本主義的生産の膨張力（その可能性と現実性）が明らかにされる。

第一、科学技術のたえまない革新をおしすすめる。新しい産業の誕生、それに対応する人々の新しい欲望をつくりだす。

第二、信用制度の発展が膨張力をあたえ、生産の社会化をおしすすめる。

第三、資本は世界市場の創出（世界市場、グローバリゼーション）により、この矛盾を克服しようとする。

5.『資本論』第3部を含めて、第3部第4篇まででは、資本は産業資本だけで、第3部第4篇で産業資本から商人資本が自立化するが、それだけで総資本の総過程の運動法則を明らかにしている。

しかし、第3部第5篇では、ここではじめて利子生み資本の考察へ進む。

銀行資本は最初は生産資本家の間の商業信用の補佐役（手形の割引き）および遊休貨幣資本の現実資本への転化の媒介役としてあらわれる。

さらに株式会社、株式制度が発展し、貨幣信用の新しい形態がくわわる（銀行信用に対して資本信用——中村孝俊）

信用制度のもとでは請求権、利子生み証券が利子生み資本の形態となる。「すべての資本主義国においては、膨大な量のいわゆる利子生み資本、Moneyed Capital がこうした形で存在している。」（工藤『マルクスは信用問題について何を論じたか』2002年、p.124、『資本論』訳Ⅲ b p.813、S.486）

銀行信用の仮空性と架空資本価値の仮空性との相乗効果でバブルがおこり、その崩壊による金融危機がいよいよ大きな規模で……日本の80年代……21世紀リーマン・ショック。

利子生み資本

利子生み資本

　　高利貸
　　貨幣取扱い資本を前身として銀行——貸付可能な貨幣資本を社会的にプールして産業資本家に対し貸し付ける。

〈資本主義生産様式内での私的所有の止揚〉
社会的機能をもってあらわれた利子生み資本、株式など利子生み証券が発展すると、

I	銀行ローン（本来生産的資本家に対して）が証券投機師たちに向けられる。
II	銀行業と証券業との兼業（ニューヨークの大銀行）
	銀行の中核的業務、対企業貸付け、相対取引で経営の内容を調べた上で、企業内情報にもとづき株式取引でかせぐ（インサイダー取引で）。
III	銀行ローンの証券化
	債権そのものの転売、または証券化し投資家に売る
IV	証券会社(投資銀行)自己売買、発行引き受け業務→ M&A アドバイザー、手数料かせぎ
	買収して株式非公開にして、リストラし、新規株式公開でもうける。
V	信用取引の分解、組成、デリバティブの展開
VI	秘密投資クラブ大量発生
	マルクスのいう純粋な賭博、いかさまによる " 私的所有による規制なき私的生産 "

ノート2011 1.〔続哲学ノート、第3部第3篇-1〕

『資本論』の編成にかんするマルクスのエンゲルスへの説明、
注目すべき二つの手紙

I　エンゲルス→マルクス(1867.6.26)

「工場主たちは、普通の計算方式——原料これだけ、損耗分これだけ、賃金これだけ、等々。たとえこの議論がどんなに浅薄だとしても、どんなに交換価値と価格とを、労働の価値と労賃とを混同しているとしても、また1労働時間に1／2時間分だけしか支払われなければ1労働時間が1／2時間としてしか価値の中に入らない、というその前提がどんなにばかげたものだとしても、僕が不思議でならないのは、どうして君がはじめから、これを顧慮しなかったか、ということだ。なぜなら、君にたいしてすぐにこういう抗議がなされることは全く確かだし、これをはじめから片づけておく方が良いからだ。」

これに対して

マルクス→エンゲルス(同上年6.27)

「君が言及したかれらが当然抱くにちがいない疑念についていえば、それは科学

的に言いあらわせば、次のような問題に帰着しよう。
商品の価値はどのようにして商品の生産価格に転化するのか。
生産価格では
(1) 全労働が労賃という形態のもとで、支払労働として現われる。
(2) ところが剰余労働は、または剰余価値は、利子や利潤の名のもとに費用価格（不変資本部分の価格プラス労賃）をこえる価格付加という形態をとる。

この問題への答えは次のことを前提とする。
(1) たとえば、労働力の日価値の賃金または日労働価格への転化が述べられていること。

これはこの巻の第5章〔現行版『資本論』第1巻第6篇「労賃」のこと〕でなされる。
(2) 剰余価値の利潤への転化、利潤の平均利潤への転化等々が述べられていることを前提すること。これはまた、資本の流通過程がまえもって述べられていることを前提する。

というのは、そこでは資本の回転などがある役割を演じているからだ。だが、この問題は第3部ではじめて述べることができる。（第2巻は第2部、第3部を含む）

ここでは俗物や俗流経済学者の考え方がなにから出てくるかということが明らかになるだろう。すなわち、それは彼らの脳髄の中では常にただ諸関係の直接的な現象形態が反射するだけで、諸関係の内的な関連が反射するのではない、ということから出てくるのだ。

もしも内的な関連が反射するとすれば、いったいなんのために科学というものは必要なのだろうか？」

Ⅱ　マルクス→エンゲルス（1867.8.24）

「僕の本のなかの最良の点は、次の二点だ。
(1) 第1章ですぐに強調されているような、使用価値で表わされるか、交換価値で表わされるかに従っての労働の二重性、
(2) 剰余価値を利潤や利子や地代などというその特殊な形態から独立に取り扱っているということ。

以下略　　　　　　　　　　〔工藤『現代帝国主義と日米関係』p.127, 128〕

注意＝『資本論』第1巻の初版への序言は1867年7月!!

ノート2009.5.14

　マルクスは、1857・58年、世界最初の世界経済恐慌のさなかにグリントリッセ〔『経済学批判要綱』〕を書いた。 レーニンは、帝国主義戦争勃発の前夜に『帝国主義論』を書いた。
　今日これほど新しく錯綜した問題をふくんでいるのに、具体的な問題を具体的に分析することなく、150年前のマルクスの文献への教養だけで、『最高の解答』をひき出せないだろう。

マルクスのニコライ・ダニエリソーンへの手紙1879.4.10
　第2巻の発行がなぜおくれたか「第一に現在のイギリスの産業恐慌がその頂点に達しないうちは、私は決して第2巻を公刊しないでしょう。いろいろの現象がこの度は特異で多くの点で過去におこったものと違います。…」

『資本論』第3部　第3篇　第15章

1) 資本の蓄積の増大は資本の集中の増大を含んでいる。
　　こうして社会的生産の諸条件の現実の生産者に対する自立化がつよまっていく。
2) こうして資本の力、すなわち資本家において人格化され、現実の生産者たちに対して、社会的生産の諸条件の自立化としてのそれがつよまっていく事柄は、「疎外され自立化された社会的な力」であることから社会に対立する。
3) 資本が形成して行く一般的な社会的な力と、この社会的な生産諸条件に対する個々の資本家たちの私的な力とのあいだの矛盾は、ますます激しく発展していき、この関係の解消を含むことになる（訳Ⅲa p.447～448, S.274～275）。
　というのはこれ（この関係の解消）は、それと同時に物質的生産諸条件の、一般的共同的、社会的な生産諸条件をつくりだすことを含むからである。この発展は、資本主義的生産のもとでの生産諸力の発展によって、またこの発展がおこなわれる仕方・様式によって与えられている。
　このようにマルクスはここで
1) 資本の蓄積の増大、資本の集中の増大→社会的生産諸条件の現実の生産者に

対する自立化。
2) 資本の力のつまりは疎外化され自立化された社会的な力であることから社会と対立する。
3) 資本が形成する一般的な社会の力と、この社会的生産諸条件に対する個々の資本家たちの私的な力とのあいだの矛盾が激しくなる。

　以上三点をふくみ、資本主義的生産関係の解消―物質的生産諸条件の一般的・共同的・社会的な生産諸条件をつくりだすこと。
　また、このすぐ前で、
「もし生産諸力の発展が労働者たちの絶対的総数を減少させるならば、すなわち、全国民にその総生産をよりわずかな時間部分を行なうことを実際に可能にするならば、その発展は革命をもたらすであろう。なぜなら、それは人口の多数を仕事からはずして使うからである。この点に、またもや、資本主義的生産の独特な制限が現われ、また、資本主義的生産が決して生産諸力の発展および富の生産のための絶対的な形態ではなく、むしろ一定の時点で、この発展と衝突するようになることが現われる。」(訳Ⅲa p.446〜447、S.274)
　ところで、第15章の終わりのところでは、リチャード・ジョウンズ『経済学序講』ロンドン1833を引用して、次のようにのべている。(訳Ⅲa p.450、S.276)
「ジョウンズが利潤率の下落にもかかわらず、"蓄積の誘因および能力"が増加することを強調しているのは、正しい。それらが増加するのは、第1には、相対的過剰人口が増大するため、第2には、労働の生産性の増大につれて、同じ交換価値で表わされる使用価値の総量、すなわち資本の物的諸要素が増大するから。第3には、生産諸部門が多様化するから、第4には、信用制度、株式会社などの発達によって、またそれとともに自分自身〔資本の所有者〕が、産業資本家にならなくとも貨幣を資本に転化することの容易さによって、第5には、諸要求と致富欲との増大によって、第6には、固定資本の大量投下の増大など。」

　"利潤率の低下の法則は強度に数学的な法則"などという論が現われたので、『現代帝国主義と日米関係』第Ⅱ章マルクスの恐慌論を考える(2013.7)を書いておいた。

ノート2011-1

　第3部「第3篇　資本主義生産の発達における一般的利潤率の傾向的低下の法則」(マルクス)は、エンゲルスにより「第3篇　利潤率の傾向的低下の法則」に改められたこともあり、またていねいに読まないことが加わって、資本主義的生産の発展、資本主義的蓄積の進行イコール利潤率の低下とする単純化におちいる。

p.366「利潤率の漸進的低下の法則は決して次のことを排除するものではない。すなわち、社会的資本によって運動させられ搾取される労働の絶対的総量、それゆえまた社会的資本によって取得される剰余労働の絶対的総量が増大するということ、……」

p.370「資本主義的蓄積過程—それは資本主義的生産過程の一契機にすぎない—の本性からおのずから出てくる結果は、資本に転化されるはずの生産諸手段の総量の増大は、それに照応して増大し過剰でさえある搾取可能な労働者人口をつねに手もとに見いだす、ということである。

　したがって生産過程および蓄積過程が進展すれば、取得可能な、また実際に取得される剰余価値の総量、それゆえ社会資本によって取得される利潤の絶対量は、増大せざるをえない。

　しかし、生産および蓄積のこの同じ諸法則は不変資本の総量とともにその価値を、生きた労働と交換される可変資本部分の価値よりも、ますます急速に増大させる。こうして同じ諸法則が、社会的総資本については、増大する絶対的利潤総量と、下落する利潤率とを生み出す。

p.382「生産力の発展に起因する利潤率の下落には利潤総量の増加がともなうという法則は、資本によって生産される諸商品の価格の下落には、諸商品に含まれている諸商品の販売によって実現される利潤総量の相対的増加がともなう、ということにも現われる。」

長谷部文雄『資本論随筆』1979.8

ノート2012-1

私がつくった訳語のうち自慢の一つ
abstrakt menschliche Arbeit
→ 抽象的・人間的労働

林直道　抽象的人間労働　✗

副詞でなく形容詞である。
abstrakte,menschliche Arbeit と等しい
初版では abstrakte menschliche Arbeit
再版以後 abstrakt menschliche Arbeit へ。
抽象的な人間労働という規定があれば、「具体的人間労働」があってもよいが、ない。
二つの形容詞が相互独立して、一つの名詞を形容するとき形容詞、形容詞＋名詞が原則

◎　わが疑問 abstrakt とは、もともと形容詞しかないのでは？
　　（相良守峯、木村・相良『独和辞典』博文社、『独和大辞典』小学館 etc.）

B 方法論
アリストテレス、ヘーゲル、レーニン

『オルガノン』1 （岩波書店『アリストテレス全集』第1、2巻）

2006年1.13～6.15　ノート2006-1（『経済学をいかに学ぶか』11）

2006.4.16に『経済学をいかに学ぶか』〔2006年10月刊行〕基本的に完成万歳とある。

同年3月からオルガノン始める		p.26～
分析論前書	第1巻	
分析論後書	第1巻第18章～	p.49～
分析論後書	第2巻	p.63～
カテゴリー論	第1章～	p.94～
命題論	第1章	p.117～
分析論 前書	つづき	p.145～
分析論 前書	第7章から	p.169～

『オルガノン』2　　2006年6.16～10月　（『経済学をいかに学ぶか』12）

分析論前書	第1巻15章つづき	p.1～
やっと分かったラテン語の歌の秘密		p.23～25
〃	第1巻つづき	p.26～
〃	第2巻	p.114
〃	第2巻つづき	p.126～
アリストテレス全集	第1巻	読了（9.21）p.160～
アリストテレス全集	第2巻	詭弁論 p.168～179
詭弁論	つづき	p.183～192
同上ノート		p.120～

　量子力学で光子は波の性質と粒子の性質あわせもつ、二重性—光子につづき電子もまた。（竹内淳『高校数学でわかるシュレディンガー方程式』p.33）

　私がシュレディンガー方程式になやまされたのは、このような物理学のカテゴリーの二重性だ、だからマルクス経済学の資本の生産過程は労働過程と価値増殖過程との二重性について、なかなか分からないのが当然。

　シュレーディンガー方程式に登場する波動関数Ψは波なのである

$$光は \begin{cases} E = \hbar\omega \\ E = h\nu \\ p = \dfrac{h}{\lambda} \end{cases}$$

$$\uparrow \quad \uparrow$$
粒子　波動

E：エネルギー
ω：角振動数　$\omega = 2\pi\nu$
ν：振動数
λ：波長
p：運動量
h：プランク定数

$h = \dfrac{\hbar}{2\pi}$　　$\hbar$：読みはエイチバー

が、あくまでも粒子を表している。波の特性は振動数ωと波数 k（kは単位距離にいくつ波があるか）だが、粒子は波とはちがってエネルギー E とか運動量 p といった特性をもっている。

アリストテレス『トピカ』第1巻（『アリストテレス全集』2）

ノート2006-3（われわれの視点-1）

第1巻　第4章

すべてのものは　▶1. 定義か　　　▶2. 特有性（特性）か
　　　　　　　　▶3. 類か　　　　▶4. 付帯性になるか

これらのものがもとになって問題や命題（前提・主張）ができている。

第5章　定義――本質を示す説明方式である。

　名のかわりに説明方式があたえられることも、一つの説明方式のかわりに他の説明方式が返答としてあたえられることもある。なぜなら説明方式によって示されるもの（事物）のあるものも定義されうるから。

　しかし名によって何かの仕方で返答をつくる限りの人たちは、かれらは事物の定義を与えていない。

「定義的」陳述：本質を明らかにしないが、その事物だけに属し、交換してもそれ
　　　　　　　の術語となりうるものは特有なもの。

第5巻　第2章　特〔有〕性について （われわれの視点1）

p.60「特性」が不正確にあたえられているか、正確にあたえられているか。
　植民地支配はなくなったイコール大国による金融的、経済的、外交的、軍事的、政治的従属はなくなった？

p.75　UNCTAD Trade and Development Report, 2001 によると、発達した国の投票権は、▶国連で17%　▶WTOで24%　▶ブレトンウッズ機関で61%　米国一国で資本の増加やSDR〔国際通貨基金の特別引き出し権〕の配分など最重要決定に拒否権をもつ。もっと根本的には、グローバルな諸問題にかんする重要な決定は主要国がG7であったり、G10であったり、さまざまな多国間フォーラムで決められ、

途上国は全く参加しない。

第6巻　第3章　　　　　　　　　　　　　　　ノート2006-3
「『悪いもっとも対立するもの』を『善』の特性であるという人は、『善』に対立するものをすでに用いているから『善』の特性をうまくあたえていないことになろう。」
　（旧植民地はいまや独立国である。独立国であれば、いかなる大国も従属させることはできない、を思い出す、または、植民地がなくなれば、帝国主義は存在しない、を。）

第4章
p.135「一つの命題をくつがえそうとする人は、まず第一に特性をあたえた個々の対象に注目しなければならない。その特性はどんな個々のものに帰属しないかどうか、この特殊な点で真としてのべられていないかどうか、あるいは特性をあたえられたかのもの（性格）からみて、それら個々のものの特質でないかどうか、見ること。」
◎ 個々の対象に注目すること、その特性はどんな個々のものに帰属しないかどうか、すばらしいことをいっている。レーニンが帝国主義研究の方法としてのべたことだ。
　個々の国を具体的に調査して、ある述語付けができるかどうかを厳密に考えること。
p.136「これに反して、一つの命題を立てようとする人は、すべてのものについて、特性が真として述語付けされるかどうか、この特殊な点で真として述語付けされるかどうかを見なければならない。」

第6巻　第1章　定義について　　　　　　　　　　ノート2006-3
アメリカの湾岸戦争について（91.3.6論文）によると、「この戦争を多国籍軍側の帝国主義戦争、侵略戦争などと定義づけることはあやまりである。」
(1) 帝国主義戦争の定義および侵略戦争の定義がそれぞれあたえられることなしに、この命題は成立しないだろう。
(2) これらの定義をあたえたうえで、それらを前提として、この個別の具体的なある戦争が帝国主義戦争（類）であるか、否か、侵略戦争（もう一つの類）であるか否か、判断が求められるのであって、この命題は、アリストテレスの定義に

かんする5つの欠陥によくあたる例。

●湾岸戦争にかんしては

(1) 工藤『現代帝国主義と日米関係』2013年7月 p.31～36
(2) ジョン・ピルジャー『世界の新しい支配者たち』
　湾岸戦争は核戦争だった（p.64～）／劣化ウラン弾のような大量破壊兵器の使用「300トン以上が使われた」／子供たちを死に追いやる経済制裁／「ユニセフの調査、1991年から98年にかけての調査、5歳以下イラク人の子ども50万人死亡、予測上まわるスピード」(p.80)
(3) ユージン・ローガン『アラブ500年史』下、2013年11月
　湾岸戦争の「砂漠の嵐作戦」での民間人死亡者数――5000人から20万人まで推定に幅がある……(p.277)
◎　歴史的には、第1次大戦後100年の歴史を見ること、英米仏、この地にイスラエルを移植し、核武装などを手伝ってきたことをはじめ……、

ヘーゲル『概念論』第2篇　客観性　2 直接性の諸形態と客観性　　ノート2006-3

p.189への私の書きこみ

　ヘーゲル論理学のあるエッセンスがのべられている。直接的なもの有、定有からはじめる。本質から概念への道は、最初の直接性から遠ざかる道であるが、途中で何度も直接性を確認し、そして最後に客観性へいたるのだ。

　これは唯物的弁証法といえる。感覚だけがたしかで、概念は便宜的なものとする流れに対しても、

　　たとえば　　Existenz 実存　　　　…商品　価値と使用価値との統一
　　　　　　　Wirklichkeit 現実性　　…商品の商品と貨幣とへの分離
　　　　　　　　　　　　　　　　　　　商品流通 W－G－W

　あるいは有論→本質論、最初は反省規定で本質をとらえる。仮象と本質とにわかれる。しかし、反省規定の関係から矛盾が生じ、根拠、現存在へとすすめば、ふたたび現象をとらえる。仮象ではない、本質は現象する。現象、法則、相関関係。

『経済学をいかに学ぶか』2016年でヘーゲル・アリストテレスにかなり入れこんだため、出版後いやがおうでも再勉強

ノート2006-3

気が付くと、私も部分的にはヘーゲル読みになっている。「概念論」の武市健人氏の注で彼が力を入れた判断論の『資本論』における例としての説明の間違いに気がついたことや、レーニンが『哲学ノート』でこのところを「この上なく抽象的で難解である」として、ノートをとばしていること──第1章概念のp.38あたりから第2章判断そして第3章p.135あたりまで──私はヘーゲルのこのあたりでマルクスの商品分析の展開を考えられるようになったのではあるが。

レーニン『哲学ノート』上 p.149『大論理学』下 p.38「普遍、特殊、個について以下のべられていることはこの上もなく抽象的で難解である。」「クーノー・フィッシャーはヘーゲルのこの『難解な』考察に非常にまずい説明をしている」──「この本のこれらの部分は頭痛をおこすにはもってこいだといえる。」

p.150「あきらかに、ここでもまたヘーゲルにとって主要な点は、さまざまな移行の概略をのべること、ある見地からみれば、またある条件のもとでは、普遍的なものは個別的であり、個別的なものは普遍的である。(1)すべての概念および判断の連関、しかも切りはなせない連関、そして連関だけでなく(2)相互的な移行、しかも移行だけでなく(3)対立したものの同一性、これがヘーゲルのいおうとした主要な点である。

しかしこのことはきわめて難解な叙述のもやを通してわずかにすいて見えるだけである。論理学の普遍的な諸概念および諸カテゴリーの発展および適用という見地からみた思考の歴史──必要なのはそれだ。」

その上に「そもそも、これはやはり古い形式的な論理学への貢物であろうか、そうだ、そのうえなお神秘主義の観念論への貢物だ」(さらに)ここには「論理学」のこの部分の「諸規定」や「諸概念規定」がいっぱいある。」

ここはアリストテレスの 1.カテゴリー、2.命題、3.「分析論前書」(推論)……と重なりあうところ、そのためだろうか？

B 方法論　アリストテレス、ヘーゲル、レーニン

ヘーゲル「概念論」つづき p.51　　　　　　　　　ノート2006-3

「いかなる規定的概念も、それが全体性を含むのでなくて、単に一面的な規定性を含むにすぎないかぎり、やはり空虚である。それがたとえば人間、国家、動物などのような具体的内容をもつにしても、その規定性がその区別の原理でない限りは、その規定的概念はあくまでも空虚な概念を出ない。原理とは概念の展開と実現の始元と本質を含むものである。」

…規定的概念とは(1)全体性を含むこと、(2)その規定性が区別の原理であること (3)その原理とは概念の展開と始元と本質を含むこと。

● ヘーゲル p.50あたり、レーニンを"難解"となげかせた（レーニン『哲学ノート』上 p.149-150）議論がつづくが、以上のような明快な重要なところがある。

ノート2009.1　記として

1. 分析、対象に対して1度の分析に止まらず何回も進めること。分析は進展である。中間項をおかないから掘り下げていく。
2. 分析、反省的思考であること直接的なものから離れて他のあるものに媒介されてそのものがあるという、他のあるものとの媒介関係を探求すること＝被措定有
3. 分析、弁証法的思考であること。同一性、区別、矛盾、根拠、実存（本質をもつ実存）

● ヘーゲル、分析において、そのものの内部にふくまれる二つの項の間の媒介関係を見出せという。
● アリストテレス、推論において二つの項の中間項を見出せという
● アリストテレスはまた、原因をさぐる場合、そのものの本質、実体を理解すること、そのような本質を生みだす働きとしての本質を理解すること、といった。

『大論理学』訳者注より

「カテゴリー（Kategorie）はギリシャ語の述べる、述語するから来ている。アリストテレスの定義については『分析論後書』第1巻第22章を見よ（p.680-681）」

▶『大論理学』下巻「判断」でヘーゲルは判断（Urteil）と命題（Satz）の区別
「判断には、述語が概念の諸規定の関係にもとづいて主語に関係すること、したがって述語が普遍として特殊または個別に関係することが必要。個別的主語についていわれることが、もしそれ自身たんにある個別的なものを言表するにとどまるなら命題である。」

『形而上学』Z　第7巻　　　　　　　　　　　　　　　ノート2007-1

▶アリストテレスとヘーゲル

a. アリストテレス、ある物を知るというとき、その性質や量を知るというレベルをこえて、ある物の本質、実体は何であるかを知るレベルへ進まねばならないという。ヘーゲルは有論から本質論へ。

b. ヘーゲルは規定するというところ、アリストテレスは述語する。ヘーゲルでは、具体的な規定をのこらずとりさると有。アリストテレスでは、述語されるすべての属性をとりさると質料。

c. アリストテレス、質料と形相とからなるものは実体。
　ヘーゲルは、「本質は、絶対的根拠においては、根拠関係に対する根底一般という形で存在する。しかし、この根拠は次に形式と質料として規定され、また内容が与えられる。」

d. アリストテレスによると、「一般的にいえば、生成する事物がそれから生成するところのそれ（質料）も自然であり、それに従って生成するところのそれ（型、形相）も自然であり──というのは生成する事物、たとえば植物や動物は、それに従って自ら生成する自然性を有するから──生成がそれによってであるところのそれ（始動因）も形相的意味での自然であり、それによって生成した事物と同種同形の自然である。」（アリストテレス『形而上学』第7巻2第7章、岩波文庫版（上）p.248)

e. アリストテレス「対立、四つの仕方あり、①矛盾 ②欠如 ③反対性 ④相対関係、

最大の差別性を反対性とよぶ。」(『形而上学』第10巻、岩波文庫版(下)第3章、第4章 p.104)…ヘーゲルの反省規定に生かされている同一性、差異性、対立、矛盾。

　アリストテレスの形而上学、存在論、その意味でヘーゲルの有論、しかし感性的事物の本質をさぐる。感性的な事物と概念との関係。
　概念(普遍性)を感性的事物から独立させるプラトンへの批判でつらぬかれている。数が第一の実体であるとするピタゴラスに対しても。
　哲学の根本問題、実存するもの、個別的なもの、認識はそれから概念をとりだす。
　そこで、レーニンが指摘したように、客観的事物、世界からの遊離、独立が。
　イディア論、エイドスを第一の実在だとする。個々の実物の"原型"であるような。
　カント、理性はただ先験的なものであり、人々は概念をつくり思考するが、物自体はとらえられないとする。
　アリストテレス、本質、エイドスは、個々の事物をはなれては存在しないという。
──"経験主義の頭目"といわれてきた。
　しかしアリストテレスは自然、地上のこと、動物、植物、人間だけでなく、天体、宇宙のすべてにわたって、統一的に説明しようとする。帰納によって、推論によって。
　推論の結果、不動の第一の存在が導き出される。
　カントも、ヘーゲルも、"先験的に"神の理念を前提にする。──キリスト教文化にまみれて??──
　しかし、ヘーゲルの偉大さ、アリストテレスが反対したヘラクレイトスの弁証法をひきついだこと、分析的認識は所与の素材を論理的規定の中へ転化(分析)することであると。そして感性的な事物、直接的なものを、いかに概念に加工するか、その方法を本質論で探り明らかにしたこと。
　しかし、アリストテレスも、第13巻第3章のすばらしい指摘。
　本質、属性を抽離して、その可動的側面を、あるいは物としての側面を規定すること。あるいは離されて存在しないものを離れて存在すると仮定し、考察すること。数学者がやるように。…
　これはヘーゲルの反省の思考に大いに共通する。分析の力、抽象の力 **(07.5.2.)**

ヘーゲル『哲学史』全集⑬　B　アリストテレス　　　　ノート2007-1

　私の印象では、ヘーゲルの概念（普遍的概念）は、普遍性、特殊性、個別性の三契機をふくむ。推論が一つの事物の概念の三契機の相互媒介に止まるとすれば、新しい事物の発見がどうして切り開かれるだろうか。推論は異なる諸概念の関連でないか。私がなぜアリストテレスの推論、中間項探しの方が、それを"博物学的段階"としたヘーゲルの推論よりも面白いと思うのか、その理由。そして実際に月の問題をとりあげたとき、アリストテレスの思考の深さ（「マルクス『資本論』とアリストテレス、ヘーゲル」p.120〜125)、ヘーゲルのつまらなさ。＊

＊〔概念論〕p.159〜B 反省の推論
　ａ総体性の推論　ｂ帰納の推論　ｃ類比の推論

　地球は住民をもつ、月は一つの地球である、故に月は住民をもつ。

　ヘーゲルは「しかし悟性の形式または理性の形式を単なる表象の領域に引き下げてしまうこの種の皮相性を論理学の中にもちこむことは許されるべきではなかろう」「この推論の大前提を『二三の徴表においてある客体に類似するものは、他の徴表においてもその客体に類似する』というように表すことも不当である」と批判する。(同上書p.167、168)

　そのとおりだが、ヘーゲルがなぜこのばかげた類似の例をあげたのか、彼の自然観の弱さではないか？…私の書き込み

　マルクスの『資本論』の展開、あきらかにアリストテレスの中間項探しを応用している。商品から貨幣へ、貨幣から資本へもそうだ。剰余価値から利潤へ。

ヘーゲルの構成　　　　　　　　　　　　　　　　　　　　　ノート2007-2

(1) 抽象度の高い形態から始める
- 有論では有…絶対的否定性だという。
- 本質論では反省規定、そのはじめの同一性。
- 概念論では概念。

(2) 弁証法的性格
- 有論では、成は有無の統一である。有無の統一を含みながら止揚されて定有となる。

- 本質論では、同一性、差異性、対立、矛盾、矛盾は対立物の統一を含みながら止揚され根拠となり実存となる。本質的な定有が実存 (Existenz)。
- 概念論では、悟性的思考から、理性的思考への上向。区別し、固定する思考から、それらの規定が全体性と統一の中におかれること、すべてのものは矛盾を含む。矛盾はあらゆる運動と生命の根本。

(3) **本質論の三段階**
- 内面的本質―本質は自己自身の中に映現する。
- 根拠関係の本質―本質をもつ定有としてその存在を与えられる。本質は現象する。
- 実在する姿をあらわす本質　相関関係。

マルクスの構成

　商品、もっとも抽象度の高い形態、つづいて貨幣、商品流通、
　資本の直接的生産過程における剰余価値の生産、資本は剰余価値を生む。つづいて剰余価値は資本を生む。
　資本の流通過程、資本の循環（三形態とそれらの統一）もっとも抽象度高い形態、つづく資本の回転、年剰余価値率、etc.
　個別資本の循環、つづく社会的総資本の循環――社会的再生産と総生産過程の資本主義的性格の再生産とを含む。
　資本主義的生産の総過程、現実にあらわれる姿、具体的な諸形態。
　産業資本、商人資本、利子生み資本、etc.

ノート2007-2

　ヘーゲルの客観的論理学と主観的論理学と、マルクスは前者を研究方法 Forschungsweise、後者を叙述方法 Darstellungsweise と呼んだのではないかと考えてきたが、
　アリストテレスはわれわれがものを知るのは、帰納法によるか、推論によるかのいずれかであるという。ヘーゲルは主観的論理学（概念論）の中に推論を位置づけている。だから、主観的論理学は叙述方法であって研究方法ではないといえない

だろう。

　一方、あきらかにマルクスが叙述方法とよんだものがヘーゲルによって提示されている。『大論理学』第2版の序文 (1831.11.7)「いかなる対象の叙述も、その必然性にもとづいておこなわれる。思惟の展開の叙述ほどに厳密で、あくまでも内在的で彫塑的でありうるものは他には絶対にないであろう。」**(p.19)**

ノート2007-2

　反省、推論、共通点あり、自己内の他者による媒介、自己の他在、他者を中間項とする。

　　　W－G－W　　出発点　　前提
→　G－W－G　　**同一性**、価値の自立形態を維持する運動
差異性、Gと比べ終わりのGはG＋ΔGでなければ、
矛盾、ΔG（剰余価値）が生まれるのは流通の中でなければならない、
流通の中であってはならない。
解決　G－WのWが労働力商品であるならば、賃労働、労働市場があらわれており、資本と労働との交換がおこなわれるならば、ΔGの根拠として考えられる。
　しかし、W－G－Wの前提からはその条件はあらわれない。
　それがあらわれるには数々の中間項が、

　　　　　貨幣　──　中間項　──　資本
　　　W－G－W──労働力商品──G－W－G'
　　　　　　　　　　　　　　G－W (A・Pm) …P…W'－G'
したがって、これは推論の形式。

ヘーゲル「本質論」『小論理学』から　　　*ノート2007-2*

a. ヘーゲルの現実性はアリストテレスの完全現実態にほぼ近い。
b. 現象、自己への反省と他者への反省との二つのモメントの自己内に統一。
　　　現象的なもの、その本質としての──その直接態に対立する自己内反省としての質料のうちに根拠をもつが、現象的なものはこのことによって、他者内反

省としての形式のうちにのみその根拠をもつ。

c.
	有論	本質論
肯定的なもの	有	同一性
否定的なもの	無	区別
	成	根拠
	定有	現存在（実存）
	（在る物）	（物）

● マルクス「この弁証法は、現存するものの肯定的理解のうちに、同時にまた、その否定、その必然的没落の理解を含み、どの生成した形態をも運動の流れの中で、したがってまたその経過的な側面からもとらえ、なにものによっても威圧されることなく、その本質上批判的であり、革命的であるから」『資本論』第1巻「あと書き〈第2版への〉」訳Ⅰa p.29)

ノート2007-2

見田石介氏、価値の規定と価値表現、価値形態の関連について次のように論じている。

「価値形態へすすんではじめて価値の本質が証明される」と。

▶第1のあやまり、マルクス、そもそも商品分析は、価値形態の分析からはじめている。

x量 商品A＝y量 商品B
　　　　　＝z量 商品C

　　　……　　　　　　▶価値は抽象的人間労働の結実である。

ヘーゲル「本質論」の重要な特徴の一つ、本質のとらえ方を三つの段階で高めていかなければならない、としている。

「本質は、まず第一には自己自身の中へ映現する。それは反省（Reflexion）である。第二にそれは現象する。第三に、それは自己を啓示する。それ故本質の運動は次のような規定をとる。

1. 自己の内部の各規定の中にとどまっているところの単純な即自有的本質という規定。
2. 定有の中に現われ出たものという規定、いいかえると、その実存（Existenz）と現象（Erscheinung）いう面での規定。

3. その現象と合一したところの本質、即ち現実性（Wirklichkeit）としての規定（実体性の相関、因果性の相関、交互作用など…）（『大論理学』中 p.7、工藤『マルクス「資本論」とアリストテレス、ヘーゲル』p.36, 37）

以上のように商品価値の分析から価値形態の分析へと、本質のとらえ方をすすめていくのであり、…

▶第2のあやまり「価値形態は価値概念から導出されるから、使用価値とは全く無関係である」と。

商品生産労働の二重性、具体的有用労働は使用価値をつくり、抽象的人間労働は価値をつくる——マルクスの偉大な重要な発見への無理解なのだろうか？

▶第3のあやまり、「価値の実在的根拠は使用価値である」と。

商品が価値対象性を内在させる根底には交換目的の生産物を私的労働によって生産する生産者たちの社会的生産形態がつくりだされていることがある。

マルクスのクーゲルマンへの手紙——「社会的労働の連関が個々の人々の労働生産物の私的交換をその特徴としているような社会状態でこの労働の一定の割合での配分が貫徹される形態こそ、これら生産物の交換価値に外ならない。」

ヘーゲル「本質論」『大論理学』中から　第3篇 現実性　p.211　　ノート2007-2

「現実性は本質と実存との統一である。

形態のない本質と支えのない現象——あるいは規定をもたない存立と存立をもたない多様とは、この現実性の中で、その真理をもつ。

実存は根拠から出てきたところの直接性であるが、それはまだ形式をそれ自身の中に措定してはいない。

ところが、この実存が自己を規定し、形式付けをなすとき、それは現象である。

そしてこのたんに他者への反省として規定されているにすぎない存立（現象）が自己への反省に進展するとき、それは二つの世界となり、二つの内容の全体となる。その一方は自己へ反省した全体、他方は他者へ反省した全体と規定される。

しかし、本質的な相関は、この両者の形式関係を表すものであって、その形式関係の完成は内面と外面との相関である。すなわち二つの内容がただ一個の同一的な根底であると共に、またただ一個の形式の同一性であるという相関である。——ただ、このような同一性も形式の面で生じたことが明らかにされることによっ

て、〔却って〕両者の差異性という形式規定が止揚され、両者がただ一個の絶対的な全体性であることが措定される。

内面と外面とのこのような統一が絶対的現実性である。……」

商品の二重性

価値形態において商品に内在する二重性が、二つの商品の外的形式をとってあらわれる。…内的なるものと外的なものとの相関。

▶商品世界と貨幣との相関

商品生産・商品流通と資本の価値増殖運動＊との統一

一般的利潤率の形成　　　　　｜
　↓　　　　　　　　　　　　　｝現実性
価値法則→生産価格の法則への転化 ｜

＊資本主義的生産の二つの性格　1.商品生産である　2.前貸資本の価値の維持、その最大限増殖の運動である。

資本主義的生産　　社会的総資本による総生産

1) 質料的（使用価値）、一連の産業部門
2) 資本の形式 G…P…G'

　　2)に1)が投影されると、産業部門別利潤率差異性

　　　　→社会的総資本の再生産を不可能にする

　　　　→同一性の実現形態へ

　解決　利潤率平均化の法則により、生産価格を中心とする価格運動に見合うよう1)の部門間比率が調整される。

　競争（個別資本間の交互作用）により、信用制度の発達により

ヘーゲル『大論理学』中

「第2篇 現象 のところで p.136に若干の書き込み」とある。　　ノート2007-2

p.137には　　▶有論　　有が本質である第一命題

　　　　　　▶本質論　本質が有である第二命題

「有は絶対的な抽象である。この否定性は有にとってはある外面的なものではな

い。有は有であり、有以外の何物でもないが、それはただこのような絶対的否定性としてのみそうなのである。この否定性のために有は自己止揚的な有としてのみあるのであって、その意味で有は本質である。

しかし逆にまた、本質は自己との単純な同等性として有である。「有論」は「有が本質である」という第一命題を含んでいる。

これに対して、「本質が有である」という第二命題が本質論の第一篇の内容をなす。けれども、この本質から生じたところの有は、本質的な有すなわち実存（Existenz）である。すなわち、それは否定性と内面性とから出現したものである。」（p.137）

有が本質であるという第一命題は抽象的思考である。われわれの研究はもろもろの直接的具体的存在（アリストテレスの「感性的事物」）を対象とする。ありとあらゆる事物の同一性をとらえようとして、それぞれの具体的規定性をのこらず捨象してしまうと——抽象的思考をはたらかせて（「あたかも数学者が抽象された事物について研究するように——すなわち、かれは、その研究に先だってあらゆる感覚的なものを、たとえば重さと軽さ、堅さとその反対の性質、さらに熱さと寒さ、およびその他の感覚的反対的諸性質をはぎすてる…」アリストテレス）——絶対的抽象の結果が有である。

本質論へ進めば、その事物の本質をさぐるためにまず反省的思考を働かさなければならない。それは、何によって媒介されてその事物はあるかという思考である。ヘーゲルの場合、さらに弁証法的推論へと進む。同一性、差異性、対立、矛盾、その解決としての根拠、実存（Existenz）という流れである。

アリストテレス「分析論後書」第2巻　第19章——最後の章から（『アリストテレス全集』1　p.768～）

ノート2007-2

p.768「さて、無中項の、第1原理を認識しない限り、論証による知識をもちえないことは先に述べた。」

p.770「すでにのべたように、感覚から記憶が生じ、同じものについてくりかえし得られた記憶から経験が生ずる。すなわち、数において多くの記憶が一つの経験であるからである。

経験から、経験に含まれるすべての事例からこれらの全体についてのあること〔普遍〕が魂の内で静止するに至る時、すなわち、それらのすべての事例の内に同じ一

つのものが含まれている時、それが魂の内において多から離れ、一つとして静止する時に、人間における技術と知識の端初がある。すなわち生成するものについては技術の端初が、存在するものについては知識の端初がある。」

p.771 「このようにして、第1のもの〔原理〕を知るために、われわれが、帰納によらざるをえないことは明白である。」

「これに対して、〔論証による〕知識と理性の洞観はいつも真なるものであり、理性の洞観を除いては〔論証による〕知識よりもいっそう明確な種類の能力は他にない。」

「理性の洞観を除いてはいかなるものも〔論証による〕知識よりも真なるものでありえないものであるから、〔論証〕の原理については理性の洞観があることになろう。これらの理由に加えて、論証の原理は〔それ自体〕論証ではないこと、したがってまた〔論証による〕知識の端初は〔論証による〕知識ではないことを考えてみても、これは明らかである。

こうして、もしも、〔論証による〕知識を除いては〔理性の洞観の他に〕われわれにはいかなる他の種類の能力も〔いつも〕真なる能力としてはないとするならば、理性の洞観が、〔論証による〕知識の端初であることになろう。

p.772 こうして、一方、すなわち、理性の洞観は〔他方、すなわち、論証による知識がそこから始まる〕端初として、その原理〔無中項の第一前提〕を観るものであろうが、他方、すなわち、論証による知識は、全体としてみれば、〔論証の対象をなす〕事物の全体に対して、これと同じ〔すなわち、その端初として、その原理を観るものという〕関係にある。」

「分析論後書」ここで終わり!!

帰納法と論証
論証の原理と"理性の洞観"
理性の洞観とはすばらしい!!

それは仮説をもつことにはじまる、実践により実験により論証の原理となる

アリストテレス『霊魂論』(『アリストテレス全集』6)　　ノート2008-1

アリストテレス　植物は栄養的能力を、動物は感覚的能力を、人間は思考的能力をそれぞれ、それだけもつというのではなく、栄養的能力なしには感覚的能力を持てないし、栄養的能力、感覚的能力をもつものの中から思考的能力をもつものが、

という生物の系統発生論的見方に接近、ここがすばらしい。

生命の定義　p.38　「しかし、いちばん実体であると思っているものは物体、そのうちでも自然的物体である。これらは他のもの（人工的製作物）どもがでてくる根元であるから。

しかし自然的物体のうちあるものどもは生命をもち、あるものどもはそれを持たない。われわれが生命というのは、自分自身の力による栄養摂取、成長、衰弱（をするもの）のこと。したがって生命にあづかる自然的物体はすべて実体、しかも合成されたものとしての意味での実体、である。」

> **アリストテレス**　受動的な知性と能動的な知性とがある。「受動的な知性ははかない無常なもので、能動的知性なしにはそれは何ものをも思考しない」（ヘーゲル『哲学史』中の二『全集』13 p.110.111）
>
> 　なまの体験で感性をそだて能動的知性をそだてることがバーチャルな世界におぼれ、能動的知性の訓練をうけることなく、いっきょに行動選択の幅拡大するという不自然な成長。それはまたさめの泳ぐ大海に子供たちがほうり出される有様。
>
> 　科学の分野で、具体的な問題にたいして、帰納法的研究できたえられたことのない人々、能動的知性の弱さ、推論だけは強い？　ありえない。

ソ連型経済の問題点

1. 生産手段の国有化（という形の社会化）をしても、剰余生産物の処分は上層官僚（エリート官僚）集団ににぎられていて、搾取制度の再生産。

　　都留重人氏は、生産手段の社会化よりも剰余生産物の社会化からはじめることを提唱、注目すべき一面がある。

2. 経済の軍事化強化されれば、剰余生産物、生活をゆたかにするために回されず、搾取度強めるだけ。

　　　　　　ソ連型は、上の……　　　　1 ＋ 2

＊ヘーゲルの根拠と条件（制約）　根拠だけでは現存在は生じない。条件は多数あり、直接的存在であること。生産手段の社会化だけでは社会主義の道ひらかれないこと。

ヘーゲル『哲学史』、レーニン『哲学ノート』を読んで　　　ノート2008-1

アリストテレス　そのものが何ゆえそうあるか、原因を把握しなければならない
ヘーゲル　　　　そのものの概念的把握、すなわち必然性を把握しなければならない。

ヘーゲル『哲学史』「ギリシャ哲学史」上巻　　　ノート2008-1

(p.135)　E　エムペドクレス、レウキッポス、デモクリトス
(p.136)　向自有の規定はレウキッポス、向自有は偉大な原理

> **p.390　論理的原理**　最も根本的なものは一者、向自有である。この規定は我々がこれまでもたなかった偉大な原理である。
> ●パルメニデスは有または抽象的普遍者を。
> ●ヘラクレイトスは過程を立てた。
> ●向自有の規定はレウキッポスのもの。
> ●パルメニデスは非有は無い。
> ●ヘラクレイトス、ただ有と非有との転換としての生成のみがあり、そこでは有、無いずれも否定される。
>
> 　有・無の各々にそれぞれ固有の位置を与え、向自に存在するものとしての肯定的なものと、空虚として否定されるものを立てる思想はレウキッポスではじめて意識され、絶対的規定となった。この意味で原子論の原理は過去のものではなく、この面からみれば永遠に存在するものでなければならぬ。
> 　向自有は論理学的哲学において本質的契機として入って来なければならない。

> **以下ヘーゲル有論の展開についての説明：**
> 　有と成からこの思想規定への論理的進展にあたっては、まず定有が来る。しかしこれは有限性の領域に属し、したがって哲学の原理とはなりえない。
> 　それ故、史上の哲学の発展が論理的哲学の発展と一致しなければならぬとしても、後者の中には史的発展の中にない一章または一節があるだろう。
> 　定有を原理としようとすれば、たとえば事物があるとか、これらの事物は有限的であるとか、これらは互いに関係をもっているといった、我々の意識の中にあるも

のだろう。しかし、これは我々の没思想的な意識のカテゴリー、即ち仮象である。これに反して向自有は有の形における自分自身への単純な関係（ただし他者の否定にあるそれ）である。

　私が向自にあるということには、私は単にあるのではなく、私の中においてすべての他者を否定する。即ちその他者が外的なものとしてあらわれる限り、それを私は排除する。私に対して自身否定であるところの他在の否定として、向自有は否定の否定であり、従って肯定である。

　この肯定は私が名づけるように絶対的否定性であって、その中には媒介は含まれているが、その媒介もまた止揚された媒介である。」

◎ 向自有は、有論レベルの考察をすませてから、本質論レベルの考察へ進むとき、有論レベルの最終段階で、その対象をそれ自身の中の他者を否定した、いわば純粋な形にしなければならない。

　マルクスの商品分析を見ること、資本主義的生産による商品＝商品資本から商品分析をこころみたA. スミスの、方法を批判、資本主義的生産の他在を否定して、商品を向自有としてとりだして、分析したこと、etc.

ヘーゲル『哲学史』第3章　第1期の第3項　プラトンとアリストテレス　　ノート2008-1

p.181「哲学を学問に仕上げる仕事、さらにくわしくはソクラテス的立場を学問へ仕上げることは、プラトンを以て始まり、アリストテレスによって全うされる。それゆえ、もし誰かがそうよばれるべきであるならば、かれらこそ人類の教師とよばれるべきである。」

p.196「プラトン哲学の中に前代のさまざまな哲学的命題が、ただしプラトンの一層深い原理にとり入れられ、そこに統一されているかたちで存在することを見る。換言すれば、プラトン哲学が理念の一つの総体性である実を示し、成果としてそれが他の諸哲学の原理を内に含んでいるということ。」

p.200～201「プラトン哲学の形成は、当時の一般的教養もそうであったようにまた、本来の学問的著作として実を結ぶほどに熟してはいなかった。理念は余りにも新鮮であり過ぎたのであって、アリストテレスにいたってやっとそれは学問的、体系

的な叙述になった。」

p.202「プラトンの純粋な諸概念のなかで表象が表象として揚棄されていない。あるいはこれらの概念が表象の本質であるといわれていない。それらの概念はプラトンにとっての一つの表象以上のものでなく本質ではない。

ヘーゲル『哲学史』第3章　A プラトン続き　　　　　ノート2008-2

p.241　プラトン弁証法の三側面

プラトン弁証法の狙いは人間の有限の表象を混乱させ分解させて学知への要求、つまり存在するものへの志向をかれの意識の中で生み出すことにある。したがって有限なものの形式にさからうこの志向のために、弁証法は第一に、特殊なものを混乱させるききめをもつものであり、そしてこれは、その特殊なもののうちに現存する否定が示されることによってこそある。」

p.242　弁証法の第二の側面──人間のうちなる普遍的なもののみを意識にもたらすという側面──もつながっている。

特殊的なものを分解させて普遍的なものを生み出すための弁証法のこれら二つの最初の側面は、まだ本当の形態における弁証法ではない。それはプラトンが特殊なものを分解させることを非常によく心得ていたソフィストと共通に持つ弁証法。

プラトンがこの目的のためしょっちゅう取扱う一つのテーマは徳がただ一つのものであることを示すところ。プラトンは普遍的善を特殊な諸徳から出現させる。

p.242　特殊なものの混乱から出てきた普遍的なもの、すなわち真・美・善──それだけで独立の類でもあるもの──はさし当りまだ無規定で抽象的であった以上、第三にこの普遍的なものを内容的に更に規定してゆくことがプラトンの主要な側面。

p.236 以前の諸哲学を総括したプラトン哲学　　　　　ノート2008-1

1. プラトンはまず絶対的ものをパルメニデスの存在としてつかんだ。
〔類として目的であるような普遍者、換言すれば、特殊な多様なものを支配し貫通するような普遍者〕
2. 絶対的なものをヘラクレイトスのいうような生成における存在と非存在の一体性、一と多、等の一体性と解した。
3. さらにすすんでエレア的弁証法（矛盾を指摘する主観の外面的働きにすぎない）をヘラクレイトスの客観的弁証法へとり入れた。そのため、物の外的変化性に、物自体の、換言すれば、そのイデアの、さらに換言すれば諸カテゴリーのそれ自身からそれ自身による内的移行がとってかわった。
4. プラトンは、ソクラテスがもっぱら主観の道徳的自己反省のために働かせていたその思惟を客観的なものとしてイデアとして定立した。以前の諸哲学はプラトンにより論破されたが、かえって彼のうちにある。

p.248　完成された本当の弁証法がパルメニデスのうちに含まれている。これはプラトン弁証法のもっとも有名な傑作。（パルメニデスとゼノンに語らせる）

a. 感性的な段階にとどまらず本当の意味で存在といえるものを考察する。──普遍的な諸規定を洞察してゆく。
b. その者自身との関係でどうかという考察にとどまらず、そのものの対立物との関係でどうかという考察もやらなければならない。
c. 対立する二つのそれぞれについて、それだけとしてはどうなのか、さらに対立物との関係を想定するとどうなのかを考察すること。同と不同、静と動、生と滅、存在と非存在について、それをおこなうこと。

ノート2008-2

p.253「一方において、事物の本性は対立物の一体性であるといわれるとき、これによってこれらの直接に対象的な事物の直接的本質のみが規定されているようにみえ、そしてこの本質論または存在論は、神の認識、神学とはちがったもののようにみえる。これらの単一な本質性とそれらの関係と運動は対象

的なものの諸契機をあらわすにすぎないようにみえ、精神をいいあらわすものではないかのようである。

　というのは、それらには、われわれが神的存在者の存在にこそなくてはかなわぬと考えているような一つの契機——すなわち自己自身のうちへの曲げ返し〔自己の内への反省のことだろう〕が欠けているから。

　他方、またそれらは、純粋な概念と解されることもできる。

　つまり純粋に自己自身のうちへの曲げ返しに属するものと考えられる。そうだとすれば、それらの純粋な概念には存在が欠けている。そのような場合には、これら純粋概念の運動は、ただ、曲げ返しに属するだけで、どんな実在性をももたない、空虚な抽象物の中での空まわりという意味をもつ。」

◎　一方では、対象的事物の本質のみが規定されているかのように見える。精神そのものの自己思惟の働きはない。

　　他方では、純粋概念の運動、空虚な抽象物のなかでの空まわりとみえる。
　「この矛盾をとくには、概念の中に、そこにいたる一切をもつために認識と知の本性を知らねばならない。」

◎　客観的世界の弁証法と主観的な弁証法、認識の弁証法が対立している。

　　レーニンは先の部分を「認識の弁証法」として次のように概括している。

レーニン『哲学ノート』下 p.84

　普遍的なものがもつ意義は矛盾している。それは生命のないもの、純粋でないもの、不完全なもの、等々であるが、しかしそれはまた具体的なものを認識する一段階にほかならない。なぜなら、われわれは具体的なものをけっして完全に認識しないからである。

　普遍的な概念、法則、等々の無限の総和が具体的なものを完全に与える。
客体への認識の運動は、つねに弁証法的に通行する。つまり、いっそう正確に命中するために後退し——いっそうよくとぶ（認識する）ために後ろにさがる。合ったり離れたりする二つの線。ふれあう二つの円、その交錯点は、人間と人類の歴史の実践である。

実践は現実の無限に多い側面の一つが認識と合致する基準である。

　〔注意——認識の弁証法〕

「曲げ返し」…おもしろい表現だ	肯定 ―――――→ 否定
	否定 ―――――→ 否定の否定
レーニン『哲学ノート』下 p.130-131	具体的なもの ――→ 普遍的なもの
ヘーゲルを読んでいて気がつくこと時々	普遍的なもの ――→ 具体的なもの
抽象的なものから具体的なものへ進み	分析的 ―――――→ 総合的
時にはこれと反対に進むこと	総合的 ―――――→ 分析的

エピクロスをめぐるレーニンのヘーゲル批判

『哲学ノート』下から　　　　　　　　　　　　　　　　　　　　ノート2008-2

p.229「事物の表面からはある流れが間断なく出ているが、その流れは感覚の気づくことのできないものである。…

このはがれていく表面の運動は、空気の中でことのほか速い。なぜなら剥離したものが必ずしも厚みをもっているとはかぎらないから。」「この流れ物が私たちの内に入りこんでくることによって、私たちは感覚の特定されたもの（色や形）を知ることになる。この特定されたものはもともと対象の内にあったもので、それがこのように私たちの内に流れ込んでくる。」

> レーニン　エピクロス（紀元前300年生まれ、ヘーゲルより二千年以上前）の推測の天才性、たとえば、光とその速度について。

レーニンはさらに**(p.107)**　ヘーゲルは主要点を、すなわち物が人間の意識の外部に、それから独立して存在するということを、まったくかくしてしまっている。

ヘーゲルはいう**(p.233)**「ところでいま肝要なことは、本質的な存在である原子と、感性的な現象との関係を示すことであろう。しかしここでエピクロスは何の意味もないあいまいなことをとりとめもなく、あれこれのべているだけ。

すべての特殊な形態、すべての事物、対象、光、色など。魂さえもこれら原子のある一定の秩序ないし配列にほかならない。

ロックもそういっているが、根底をなすものは微粒子（分子）で、それが空間中に配列されているのである。しかしこれは空虚なことばである。…原子のこの相互的関係については、苦労してことばを費やすだけの値打ちもない。それは全く無内容なお談義にすぎない。」

レーニン　これもまた驚くべきことだ！！！（p.109）

レーニン　空虚なコトバではない。それは天才的な憶測であり、僧侶に対してではない。科学にたいする道しるべである。(p.109)

ノート2008-2

◎ エピクロス派は、ストア派の思考の原理に対して、感覚の原理だとされるが、それは直接感覚にもとづき、概念をつくり、法則の発見へまでのぼってゆく――帰納法と推理を使う――科学的方法なのだ。

ヘーゲルの用語「表象」「直観」などについて
『エンチクロペディー』　第3部「精神哲学」

ノート2008-2

認識作用への知性の発展の三段階

α) 直接的個別的なある客観に関係している知、素材的な知の段階――または直観の段階

β) 客観の個別性に対する関係から自己を自己内にとりもどしつつある知性。客観をある一般者に関係させる知性の段階――または表象の段階

γ) 諸対象における具体的一般者を概念的に理解する知性の段階――またはわれわれが思惟するものは存在し、客観態をもっているという限定された意味における思惟の段階（p.335）

悟性は理性的思惟の一つの必然的な契機、悟性の活動は一般に抽象作用の中に存立している。もし悟性が偶然的なものを本質的なものから分離するならば、そのとき悟性は全く正しく真実にあるべきものとして現われる。…（p.391～）

エピクロスの続き

ノート2008-2

p.243「もし一方で直接的経験にこだわり、他方、直接経験できないものについては、経験されないものにそなわっている類似性にしたがってそれに適用（類推）するのが自然学であるとするならば、事実エピクロスはこの方法の創始者とはいえないまでも、その主要な指導者であり、しかもこの方法こそが認識であると主張した人物である。

アリストテレスや、彼以前の哲学者たちは、自然哲学において、そもそものはじめから、普遍的な思想から出発して、そこから概念を展開した。
　これが一方の側面、
　もう一方の側面、経験を普遍性にまでみがき上げ、法則を発見するという、これもまたそれなしにはすまされぬ側面。このことは、すなわち、抽象的な理念から出てきたものが、経験ないし観察からその土台として準備していた普遍的な表象と合致するということである。」
　「だからエピクロスは経験的な自然科学や経験的な心理学の創始者だといえる。ストア派の目的とか、知性概念とは反対に、経験や感性的現在が提起されている。
　ストア派では、抽象的で視野のせまい知性はあっても、おのれのうちに真理をもたず、したがってまた自然の現前も現実もない。それに対してエピクロス派には、このように――あのもろもろの仮説よりもずっと真実な自然センスがある。」

　レーニン「これは弁証法的唯物論へほとんどぴったりと近づいたものだ。」(p.113)

p.244「エピクロス哲学がその時代におよぼした影響は、ギリシャ人やローマ人の迷信に反対して、人間をそのような迷妄から引き上げることであった。
　鳥が右にとぶとか、左にとぶとか、兎が道をヨコ切るとか、自分の行為をきめるのに、けだものの内臓を見るとか、あるいはニワトリが元気かそうでないかを見るなど、このような迷信をエピクロス哲学は根こそぎにした。
　エピクロス哲学は、感覚を通じ、先取像を媒介として真実であると認められたものしか真理にふさわしいとせず、とりわけそのようなものから超感覚的なものを全面的に否認する諸表象が出発しているからである。」(「エピクロス哲学からはとくに超感覚的なものを全く否定した諸観念が出てきた」p.113)

ノート2008-2

◎　一つの原理が首尾一貫して特殊なものに適用され、その結果すべての特殊なものの真理が、この原理にもとづいて認識することが求められるとき、独断論を生み出す。（ストア派、エピクロス派）とヘーゲルはのべている。(p.156)
　"独断論"へのこのような特徴づけは大事だ。われわれの周辺に多いから。

スケプシス派の哲学　　　　　　　　　　　　　　　ノート2008-2

p.292「スケプシス主義〔懐疑論〕はあらゆる知の主観性の見解を完成させ、総じて知において存在の代わりに仮象という表現をすえた。スケプシス主義は最高の峰である。存在者とその知の形式を全く無に帰させてしまったからである。それは体系とよべないし、体系であろうともしない哲学である。」

p.312「スケプシス派がどのような手順で論じたか、普遍的なものとは、あらゆる規定されたもの、主張されたもの、思考されたものにその他者を対置することであるが、この他者をかれらはある形式へともたらした。

　この対立の特定の方式として、命題ではなく、ある種の転釈法（Tropus）を用いた。」

◎　アリストテレスの「トピカ」に注意‼　ラテン語 tropus（比喩、コトバのあや）
　　第1の tropus ～ 第10の tropus

2　後期〔懐疑論派〕の tropus（きりかえし―私の訳）　　　　ノート2008-2

p.328「これら tropus はまったく異なった性格、よりいっそう思考的反省に属し弁証法を含み、明確な概念を見ている。後期スケプシス派に起源、哲学思想として、思考形式と概念の諸規定を取り扱う。」

セクストス・エンペイリコス　　　　　　　　　　　　　　ノート2008-2

p.338「批判主義や観念論などこれらすべての独断哲学に対して、スケプシス派の tropus は、それらが自体的なものと主張するものが自体的なものではないことを指摘するという、消極的効力をもっている。というのは、そのような自体的なものも規定されたものであり、否定性、すなわちそれらが揚棄されるということには逆らうことができないからである。

　否定的なものについて、このような意識を身につけさせ、否定的なものの形式を、そのようにはっきりと思考に取り上げさせたのはスケプシス主義の名誉である。」

> レーニン **p.121** それが自体的なものと主張するものが、自体的でないことを指摘する。絶対的なものに反対するヘーゲル、ここには弁証法的唯物論の萌芽がある。
> *レーニンは、ヘーゲルからたびたび弁証法的唯物論への接近を発見する。

ノート2008-2

p.339「これらの tropus は、一つの原理を特定の命題で規定されたものとして定立するやり方を事とする独断論哲学をたたく。そのような原理はいつも条件づけられており、弁証法、すなわちおのれによるおのれ自身の破壊を含有している。これらの tropus は知性哲学に対する徹底的な武器である。

　スケプシス派はかれらの tropus を時に通俗的意識に、また時には哲学的反省の諸原理に対して、大いなる明敏さでもって立ち向かったのである。」

> レーニン　よく語られている!!!　弁証法の自分自身の破壊　**p.122**

アリストテレス『形而上学』Ⅳ-5（『アリストテレス全集』12第4巻第5章、岩波文庫版『形而上学』（上）p.144）

ノート2008-2

1. アリストテレスの唯物論

「もし感覚されるもののみが存在するのだとすれば、生物（霊魂を有する者）が存在しない場合には、感覚する能力が存在しないわけだから、なにものも存在しないということになろう。」

「この場合、感覚内容も感覚表象も存在しないという意見はおそらく真であろう。というのはこれらは感覚する者の受動相（パトス）だから——しかし感覚をおこすところの基体が存在しないということは、感覚はなくても不可能である。なぜなら、感覚は感覚それ自らについての感覚ではなく、感覚されるべき他のなにものかが感覚とは別に存在し、このものが必然的に感覚より先に存在しているからである。」((上) p.114)

2.「形而上学」

▶ヘーゲル『哲学史』われわれが「形而上学」とよぶものをアリストテレスは「第一哲学」とよぶ。以下アリストテレスによる。

「というのは、他の諸学のいずれの一つも、存在を存在として一般的に考察しはしないで、ただそのある部分だけを抽出し、これについて、これに付帯する属性を研究しているだけだから。

さて我々が、原理を尋ね最高の原因を求めるからには、明らかにそれはある自然(フィシス)（実在）の原因としてそれ自体で存在するものであらねばならない。」

ところで、存在するものの元素を求めた人々にも、もしこのような（それ自体で存在する）原理を求めていたのであるとすれば、必然にまたそれらの元素も付帯的意味で存在するといわれるものの元素ではなくて、存在としての存在の元素であらねばならない。それ故に、我々にもまた、存在としての存在の第一の原因をとらえねばならない。」（Ⅳ-1　p.112）

ヘーゲル弁証法（論理学）の全体像に関するマルクスとレーニン

●マルクス

Ⅰ　研究の方法〔Forschungsweise〕

　a 素材〔Stoff〕を詳細にわがものとする。

　b 素材のさまざまな展開諸形態〔Entwicklungsform〕を分析する。

　c それらの展開諸形態の内的紐帯をさぐり出す。

Ⅱ　叙述の方法〔Darstellungsweise〕

　Ⅰを仕上げた後に現実の運動をそれにふさわしく叙述する。それに成功すれば、素材の生命が観念的に反映されるようになる。そうすれば"先験的な構成"と思われるようになる。〔『資本論』第1巻「あと書き〈第2版への〉」Ⅰa p.28〕

● レーニン
1. 概念（認識）は有（直接的な諸現象）のうちに、本質（因果性の法則、同一性、区別等々）を発見する。——これがおよそ人間のあらゆる認識（あらゆる科学）の一般的な進み方である。これが自然科学の進みかたであれば、経済学（および歴史）の進み方でもある。ヘーゲルの弁証法はこのかぎりにおいて、思考の歴史の普遍化である。
2. 最初にさまざまな印象がばく然と現われ、そのつぎにあるものがはっきりと姿をあらわし、——その後に質（物や現象の諸規定）および量の概念が発展する。ついで研究と思索が、同一性—区別—根拠—本質と現象との関係——因果性等々の認識へとその思考を向ける。

　　認識のこれらすべての契機（一歩一歩、段階、過程）は主観から客観へ向かっており、そのさいそれらは実践によって検証されるのであり、そしてこの検証を通じて、真理（＝絶対的理念）に到達するのである。〔『哲学ノート』下　ヘーゲル弁証法（論理学）の見取図 p.130、131〕

◎ レーニンはすばらしく簡潔にヘーゲル論理学全体をまとめている。レーニンがこれを記したのは、ヘーゲル『哲学史』のギリシャ哲学をすませた後であること。
　やはりレーニンの『哲学ノート』はヘーゲルを学ぶにも最高峰だ。

ヘーゲル「本質論」　　　　　　　　　　　　　　　　　　　　　ノート2008-2

定有→仮象→自己内反省（反照）…………同一性、区別、矛盾、根拠
本質を映現としてとらえる措定的反省ですすむ。
ここから純粋な媒介、現存在を生み出す。
根拠関係、だけでなく根拠と条件（制約）の相関関係
さらに現存在するものの世界へとびこまなければならない。
　自己内反省でひたすらある対象そのものの中に入ってから、現存在へ進むためには、その世界、もっと広くとりまく世界との関連、この観点がなければ、現象、現実性へすすめないだろう。ある対象ははじめから世界の中にある。

ソ連が社会主義の事業につまづいた。中国の経済建設はきわめて資本主義をとりこんでいる。部分的にはとりこまれている。

　現実の社会の歴史的発展においては、単純に社会主義の根拠をつくり出せば*社会主義の現存在をつくり出せるものではなく、さまざまな歴史的制約、外部からの制約のもと、失敗したり、きわめて純粋ではない形を生み出したり、ということではないか。

　人間の古代史でもっとも輝しい文明の先頭に立った先人たちがいた地域が今日、パスカルが述べたように「人間は偉大である、同時に悲惨である」ことになっているのはなぜか、もっと考えていかなければならないだろう。　　＊生産手段の社会化

ヘーゲル『精神哲学』から　　　　　　　　　　　ノート2009-1

1. 主観的精神

C ▶ 心理学　　精神

　　a 理論的精神

p.335　　認識作用への知性の発展における形式的進行

第1に、知性はある直接的な客観をもっている。

第2に、知性はある自己内に反省した素材、ある内化され（想起された）素材をもっている。

第3に、知性はある主観的でもあり客観的でもある対象をもっている。

　こうして三段階が発生する。

α．直接的に個別的なある客観に関係している知・素材的な知の段階——または直観の段階。

β．客観の個別性に対する関係から自己を自己内にとりもどしつつある知性・客観をある一般者に関係させる知性の段階——または表象の段階。

γ．諸対象における具体的一般者を概念的に理解する知性の段階——またはわれわれは思惟するものはまた存在し（または客観態をもっている）という限定された意味における思惟の段階。

知性の発展	心	直観	知性はここでは直接的素材の感覚から始まる。
	意識	表象	知性は次に、客観を自分(知性)から分離し固定させる注意に発展させる。
	精神	思惟	知性はこの途上で、客観を自己自身にとって（知性自身にとって）外面的なあるものとして措定する
			本来の直観になる。

●知性の第二段階――表象は三段階を包括する。
　　1) 想起の段階　　2) 想像力の段階　　3) 記憶の段階
●第三段階――思惟は次のものを内語としている。
　　1) 悟性　　　　2) 判断　　　　　3) 理性

アリストテレス『形而上学』
『アリストテレス全集』12　第5章、岩波文庫版『形而上学』（下）p.144　　ノート2010-2

p.118「たとえば人間についていえば、かれの原因は、

(a)かれの構成要素―質料としての火や土と、かれに特有の形相と、(b)他の外からの原因（たとえばかれの父親）これらの原因とは別に、(c)太陽やその斜めの円（黄道）がある。太陽や黄道は、かれの質料でもなく形相でもなく、欠除態でもなく、かれと同種同型のもの（かれの父親）でもなくて、彼を動かすものである。」

※ 昼夜をきたす太陽と四季をもたらす黄道と――黄道が赤道と交わる点、春分点、秋分点

人間の三原因は面白い
　(a)は物質から生命への進化を
　(b)は人類の歴史を
　(c)は太陽系の一惑星である地球環境を。

アリストテレスとヘーゲル　　　　　　　ノート2010-2

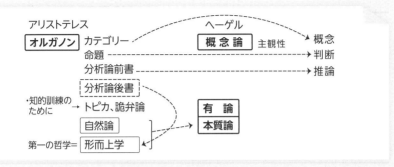

▶動物誌・動物部分論　　▶霊魂論

▶気象、宇宙、天体　　▶政治・経済　　▶倫理…

諸個別科学きわめた上での自然論につづく第一の哲学

　　　　　　　　　　ヘーゲル自然科学分野欠除

アリストテレスのプラトン批判　　ヘーゲルのカント批判

α　アリストテレスのすごいところ、四つの原因論、何から生成するかという質料的本質と存在形態をつくりだす形相的本質、さらにそのものが発生する発生因のはたらき、そのものの運動形態をつかさどる目的因のはたらき。本質を静的にとらえ、次に動的にとらえていく。「この神的な理性は、それ自らを思惟する。最も優越的なものであるからには、いいかえれば、その思惟は思惟の思惟である。」(注1) (注2)

β　ヘーゲルのすごいところ、有　無　成、定有、質、量の有論からはじめて、そのものの内部にある相互媒介関係から本質を探る方法、同一性、区別、矛盾→根拠・現存在→現象→現実性、根拠と制約（条件）

　　主観的論理学を体系的に客観的論理学と統一したこと。

　ヘーゲルの看板は観念論だが、本体は唯物論のように思われる。なぜなら体系がたえず直接性にひきもどされる仕組みになっているから

(注1)『形而上学』下　12　第9章　p.163

(注2)このノート〔本書p.104〜105参照〕「理性の洞観」、アリストテレス「分析論後書」第2巻第19章から。

アリストテレス『トピカ』(『全集』2)　ノート2010-2(ノート06-3から)

p.62　定義　第一に類をあたえ、次に種差を付加して、その対象を他のものからきりはなすこと。

定義は本質を示す説明方式である(第1巻第5章)

類とは種的に異なる多くのものについて、それが何であるか、その本質について述語になれるものである。(同上)

p.66　トピカの面白さ、相手の命題をいかにこわすかという目的をもって、しかしそれは、どのような命題を正しく立てることができるかを明らかにすること。

命題は問題とちがう。命題(堤題、前提、主張)

命題と問題を構成する材料は定義、特性、類、付帯性、以上四つのものが属している述語の種類＝カテゴリーは、数にして10 (注)……

ともかく命題をどう立てるか、それをまちがう落とし穴は、これが論点(論立てでもよい)、トピカである。

訳者・解説によれば(p.341,342)、具体的な方法を示すための「トポス」…多義的で邦訳与えられず、論証を探し出す場所、構成要素、探求の規則…細かに計算すること。

- ●付帯性に関するトポス　　103
- ●類に関するトポス　　　　81
- ●特性に関するトポス　　　69
- ●定義に関するトポス　　　84
- 　　　　　　　　　計　　337

(注) カテゴリー　1.何であるか(実体)、2.どれだけのもの(量)、3.どんなもの(性質)、4.何ものかに対して(関係)、5.どこに(場所)、6.いつ(時間)、7.横たわっていること(体位)、8.持つこと(所持)、9.なすこと(能動)、10.受けること(受動)

ノート2010-2

1. **ヘーゲルの推論**　　ある概念の三つの契機の相互関連から、実際の研究過程では、研究をへてわかることでないか。
2. **アリストテレスの推論**　事物の根拠、本質を理解するための推論。

B　方法論　アリストテレス、ヘーゲル、レーニン

だから「われわれは四つの事柄を探求する　（「分析論後書」第1巻　第14章 p.658）

　(1) 事実（何かが何かであること）
　(2) 根拠（それはなぜかということ）
　(3) 存在（何かがあるということ）
　(4) 本質（それは何であるかということ）

（「分析論後書」Ⅱ-1 p.715、『アリストテレス全集』1）

だから事物の付帯性をはずすべく思考がはじまる。

それなのにヘーゲルは、アリストテレスの推論を、A定有の推論の中で論じており

p.133「直接的な悟性推論においては各名辞は直接的規定（質）の形式をもつ……個別は、何らかの直接的な具体的対象であり、特殊性は、この対象のもつもろもろの規定性、特性、または関係の中の一つであり、しかもより抽象的でより個別的な規定性（普遍性もまた特殊の中の、特殊のもつ諸特性の中の一つの普遍的性質）である。…

一つの物のもつ多くの特性の中のどれが取り上げられ、それを介してその物が残る述語と結合されるかということは、一般に全く偶然的で、恣意的である。」
（p.136,137）

ヘーゲルはここで〔定有の推論の第一格〔E－B－A〕「形式の面からいえば、この推論の欠陥は、この形式の下では各規定が同時にゆたかな内容をもちえないという点にある」として、アリストテレスの推論を次のように、取り上げる。——アリストテレスは推論の本性についてのべて『もし三個の規定の一方の項が中間の規定全体の中にあり、そしてこの中間の規定が他方の項全体の中にあるというように、三個に規定が互いに関係しあうとすれば、この両項は必然的に結合される』といっているから、推論をどちらかといえば単なる内属の関係と見ている」(p.133)として、アリストテレスの推論が悟性的推論——全く偶然的恣意的——であるかのような位置づけをしている。（だからヘーゲルはアリストテレスが、悟性的推論においてちみつな研究をやりながら、自然や哲学の研究では思弁的である〔理性的思考を高度につかっている〕ことを高く評価した。）

119

『アリストテレス全集』月報9　第8巻　1969.1

● **八杉竜一　アリストテレス生物学の諸原理**

「周知のように、アリストテレスは生物学の祖とよばれている。…生物学の面では多くの誤りをおかしていたが、分類学、形態学、発生学、生態学などの諸原理は物理学におけるガリレイ革命に相応するものである。」

● **遠藤善之　ダーウィンとアリストテレス**

「ダーウィンがアリストテレスに言及しているのは、その主著『種の起源』である。…ところが、ダーウィンはその後ふたたびアリストテレスに言及している事実がある。彼は W.Ogle の英訳した『動物部分論』を読んで、その感想を訳者にあてて書いている。

　『…私は以前に見た引用文からアリストテレスを高く評価しておりましたが、彼が何という驚嘆すべき人物であったか、何も分かっていなかったようなものです。リンネとキュヴィエは今でも私にとっては、二柱の神々ですが、彼らとて老アリストテレスの前に出れば、小学生にすぎないのです……。』」

アリストテレス『生成消滅論』

（『アリストテレス全集』4、訳者：戸塚七郎、註 p.350）

ヘラクレイトスの内的矛盾に反対しながら、生成・消滅の原理、対立物への転化の原理をこれほど深く考えているとは。

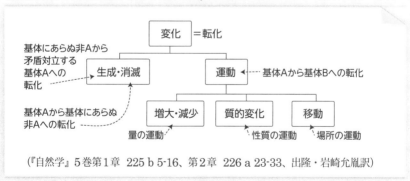

（『自然学』5巻第1章　225 b 5-16、第2章　226 a 23-33、出隆・岩崎允胤訳）

レーニン「アリストテレスの論理学は、質疑であり、探究であり、ヘーゲル論理学への接近である。かれはいたるところで、一歩ごとに、まさに弁証法の問題を提起している。」(『哲学ノート』下 p.165)

ノート2010-2

エンゲルスの弁証法にはかなり単純化があるようだ。
弁証法
自然および人間社会の発展から弁証法の諸法則は抽出される。

 量から質への転化の法則
 対立物の相互浸透の法則
 否定の否定の法則

▶これら三法則はヘーゲルによって彼の観念論的な流儀にしたがってたんなる思考法則として展開されている。

  第1の法則は「有論」の中から
  第2の法則は「本質論」の全体をしめ
  第3の法則は全体系の構築のための根本法則の役割を演じている。

 誤謬はこれらの法則が思考法則として自然と歴史とに天下り的におしつけられていて、自然と歴史とからみちびき出されていない点にある。(『自然弁証法』マルクス・エンゲルス全集⑳ p.379)

> これに対して、レーニン「ヘーゲルはすべての概念の変転、相互依存性のうちに、それらの対立の同一性のうちに、ある概念の他の概念への移行のうちに、概念の不断の変転、不断の運動のうちに、事物、自然のちょうど、そのような関係を天才的に推測した。」まさに推測したのであってそれ以上ではない。(『哲学ノート』上 p.179)

> 「論理学は認識にかんする理論である。すなわち認識論である。認識は人間による自然の反映である。しかしそれは単純な、直接的な、全体的な反映ではなくて、一連の抽象からなる過程であり、諸概念や諸法則などの定式化、形成からなる過

程である。そして、これらの概念や法則など（思考、科学＝『論理的理念』）も、
「論理学は認識にかんする理論である。すなわち認識論である。認識は人間による自然の反映である。しかしそれは単純な、直接的な、全体的な反映ではなくて、一連の抽象からなる過程であり、諸概念や諸法則などの定式化、形成からなる過程である。そして、これらの概念や法則など（思考、科学＝『論理的理念』）も、またたえず運動し発展して自然の普遍的な合法則性※を条件的、近似的に包括するものである。

　ここには実際に、客観的に三つの項、(1) 自然 (2) 人間の認識＝人間の脳髄（同じ自然の最高の産物としての）および (3) 人間の認識の自然の繁栄の形式がある。そしてこの形式が概念や法則やカテゴリーなどである。

　人間は自然を全体的に完全に、すなわちその直接的「総体性」を把握＝反映＝模写することはできない。人間の抽象や概念や科学的世界像などをつくりながら、たえず、それに接近していくにすぎない。」（『哲学ノート』上 p.158）レーニンはここで「ヘーゲルはただこの論理的理念・法則性、普遍性を偶像視する」と。

エンゲルスは、自然の普遍的な合法則性などをより進んで認識してゆくための論理学・認識論としての弁証法というとらえ方に対して否定的であるかのように思われる。そして自然を上述の三大法則に単純化してしまっている。

　アリストテレスは「論理学」を思考力を高めるための Organon＝道具であるとしたことに注意。

※「諸概念の様々な関係（＝移行＝矛盾）こそ論理学の主要な内容であるが、そのさいこれらの概念（およびその諸関係、移行、矛盾）は、客観的世界の反映であることが示されなければならない。事物の弁証法が理念の弁証法を生み出すのであって、その逆ではない」（レーニン『哲学ノート』上 p.179）

レーニン、ヘーゲル弁証法（論理学）の見取図　　ノート2010-2

〔1915年ベルンで。〕

「概念（認識）は有（直接的な諸現象）のうちに、本質（因果性の法則、同一性、区別、等々）を発見する。──これがおよそ人間のあらゆる認識（あらゆる科学）の一般的な進みかたである。これが、自然科学の進みかたでもあれば、経済学の（および歴史）の進みかたでもある。

ヘーゲルの弁証法は、このかぎりにおいて、思考の歴史の普遍化である。このことを個々の科学の歴史において、より具体的に、よりくわしく追求することは、やりがいのある仕事であろう。論理学のうちで、思考の歴史は大体において思考の諸法則と合致しなければならない。(『哲学ノート』下 p.130)

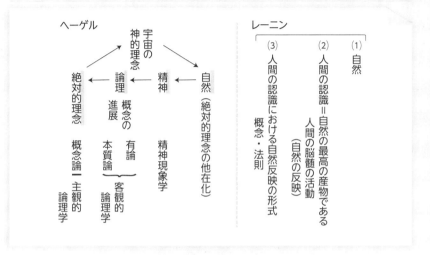

ヘーゲル「概念論」第3篇　理念　第1章　生命　わが書きこみから　ノート2010-2

　レーニン『哲学ノート』上　p.188「生命を論理学のうちにひき入れるという思想は、客観的世界が人間の意識のうちに反映され、この意識（反映）が実践によって検討される過程という見地からすれば、当然であり、天才的である。」とほめるが、アリストテレスの方がそれよりも高い水準に到達している。『形而上学』第1巻第1章 (p.21〜23)

1、すべての人間は、生まれつき、知ることを欲する。その根拠としては、感覚、知覚への愛好があげられる。

2、動物は（1）自然的に感覚を有するものとして生まれている。（2）この感覚から記憶力が、ある種の動物には生じないが、ある他の種の動物には生じている。
　　このように他の諸動物は表象や記憶で生きているが、経験を具有するものはきわめてまれである。
　　しかるに人間という類の動物は、さらに技術や推理力で生きている。

3、経験が人間に生じるのは記憶からである。同じ事物についての多くの記憶がやがて一つの経験たるの力をもたらすから。
4、経験は学問や技術とほとんど同様なものであるかのように思われているが、学問や技術は経験を介して人間にもたらされる。
　技術の生じるのは、経験の与える多くの心象から、いくつかの同様な事柄について、一つの普遍的な判断がつくられたときである。
5、実際に行為するのには、経験は技術にくらべ遜色もないように見える。のみならず、経験家の方が、経験をもたず、概念的に原則だけ心得ている者よりも、はるかにうまく当てる——その理由は、経験は個々の事柄についての知識であり、技術（理論）は普遍についてであるが、行為（実践）や生成（生産）はすべてまさに個々の特殊の事柄にかんすることだから。
6、しかしそうはいうものの、経験家より技術家（理論家）の方がいっそう多くの知恵ある者だとわれわれは判断している——そのわけは、理論家は物事の原因を知っているのに、経験家はそうでないから、というにある。
　けだし経験家の方が、物事のそうあること（事実）を知っておりはするが、なにゆえにそうあるかは知っていない。しかるに他の方は、なにゆえに、すなわちそれの原因を認知している。

ヘーゲル『哲学史』おわりのところ p.203　　ノート2010-2

全哲学史の主要時代を概観し、主要要素の必然的段階を総括すると：
何らの悟性——したがって何らの確固たるもの——に到達しない東洋の主観性の陶酔の後に、思想の光はギリシャにのぼった。
1) 絶対的理念を思惟した。それは現存の世界の概念的把握、即自且つ対自的にあるがままの世界を考察する点に成立した。この哲学は理念自身から出発しないで、所与としての対象的なものから出発し、これを理念へと変ずる——パルメニデスの存在。
2) 抽象的な思想、ヌースは主観的思惟としてではなく、普遍的本質として知られた——プラトンの普遍者がこれ。

3) アリストテレスにおいて概念があらわれる。それは自由にして何物にもとらわれず、宇宙のあらゆる形態を透徹し、精神化する概念的思惟としてである。
4) 主観としての概念、その独立化や自己内存在、抽象的分離等はストア学派、エピクロス学派、懐疑派となる。

すなわち自由な具体的形式ではなく、抽象的な、自己内において形式的な普遍性。

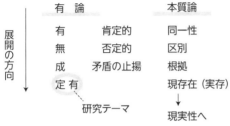

(私にとっての)ヘーゲル弁証法の見取り図

展開の方向 ↓	有　論		本質論
	有	肯定的	同一性
	無	否定的	区別
	成	矛盾の止揚	根拠
	定有		現存在（実存）
	⋮研究テーマ		↓
			現実性へ

　動的なもの、生成しているものから、静的な定有をとりだし、その直接的あらわれの奥にかくされている本質を探る。
　その本質は、プラトン説のように恒久的・不動のモデルのようなものであり実際のあらわれ（現象形態）は変化に富むものとしてとらえるのではなくて、本質に内在する矛盾をとらえていく。本質的同一性をおさえ、区別、矛盾、その止揚としての根拠、根拠づけられる現存在（実存）へとすすむ。
　こうして定有は、本質をもってとらえられた。
　だが定有は、運動や、生成の状態から静的にとりだされたのだから、その生成過程、運動過程へともどさなければならない。さらに現実性の中の具体的形態をつくりだす本質の考察へと、すすまなくては。ヘーゲルはこれらの問題を解決している。

アリストテレス『形而上学』岩波文庫（上）　　ノート2011-1

A（アルファ）　第1巻　第4章　p.39

「レウキッポス、その仲間のデモクリトス、「充実体」と「空虚」とをすべての構成要素、前者をあるもの〔存在〕、後者をあらぬもの〔非存在〕。

充実体＝原子（アトム）はあるもの ｜ かれらは「あらぬものはあるものに劣らず
空虚〔で稀薄〕はあらぬもの　　　　｜ ある」と、これらを、総ての事物の質料としての原因であるとしている。

p.51「世界全体を一つであるとし、ある一つの自然とその質量の意味での原理としてあげ、しかもこれを物体的なものであり、大きさのあるものであるとした人々は、すべて多くの点で見当ちがいしている。

　第一かれらは、ただ物体の構成要素のみをあげて、非物体的なものについては、非物体的なものも存在しているのに、これについてそれをあげていない。」

◎物質を構成する素粒子と、物質を構成せず力を伝達する素粒子と。

B（ベータ）　第3巻

p.81「もしも類ならば、不可分なもの〔個物〕をもっとも近く述語する最終のそれ（最下の種）であるか、あるいは、第一のそれ（最高の類）であるか。

　個々の人の原理は人間であるか動物であるか、これらのいずれがより多く個々の事物から離れて存在しているか。

p.84「…もし知恵が第一の諸原因についての学であり、最も真に認識の対象たるべきものについての学であるとすれば、そのかぎりでは、実体（本質）についての学が、その名に価する学であろう。」

Γ（ガンマ）　第4巻

「存在を存在として研究する。」**p.112**

「我々もまた存在としての存在の第1の原因をとらえねばならない。」

すべてのあるもの〔存在〕はある一つの原理（アルケー）との関係において存在（ある）といわれる。すなわち、

　そのものは、それ自らが実体（ウーシア）なるがゆえに、そういわれ、他のあるものは、実体の限度（属性）なるがゆえに、あるものは、実体への道〔生産過程〕なるがゆえに、

B　方法論　アリストテレス、ヘーゲル、レーニン

あるいは実体の消滅であり、あるいはその欠陥であり、あるいはその性質であり、あるいは実体を作るもの、または、産むものであるがゆえに、あるいはこのように、実体との関係においていわれるものどものこれら（生成、消滅、欠除、性質、等々）であるがゆえに、あるいはさらに、これらのうちのあるもの、または実体そのものの否定であるがゆえにそういわれるものである。

——だからわれわれはまた「あらぬもの」（存在の否定すなわち非存在_{メー・オン}）をもあらぬものであるというのである。」

p.121「哲学者なるものが、実体を実体としてありのまま研究する者であるとともに、諸々の推理上の原理をも検討すべき者であることは明らかになった。

ところで、各々の類の物事について最もよく精通している者がその当の物事の最もたしかな原理を説くに適しているからして、したがって、存在としての存在を研究対象としている者が最も適切にあらゆる存在の最も確かな原理を説きうる。そしてこの者はすなわち哲学者である。」

p.122　それはどのような原理か

「同じもの〔同じ属性の述語〕が同時にそしてまた同じ事情のもとで、同じもの〔同じ基体、主語〕に属し且つ属しないということは不可能である」という原理である。
◎アリストテレスはその後で次のような考えものべていることに注意。

p.137「相反する物事が同一のものから生成するのを見て、矛盾した物事や、相反する物事が、同時に同一のものに属しうると考えた。

そこで存在しないものが生成することはできないとすれば、相反する物事はどちらも生成する以前にすでに存在していたはずである。——あたかもアナクサゴラスが『すべてはすべてに混じり合っていた』、またデモクリトスは——空虚と充実体（後者＝存在、前者＝非存在）両者ともに世界のあらゆる部分に存在している、という。

「われわれはかれらはある意味で正しく、ある意味であやまっている」と、というのは、「可能性においては同じものが同時に相反する二つのもののどちらでもあるが、完全現実態においては、そうでないから。」

p.144「もし感覚されるもののみ存在するとすれば、生物〔霊魂を有する者〕が存在しない場合には感覚する能力が存在しないわけだから、何ものも存在しないということになろう。

なぜなら感覚は感覚それ自らについて感覚ではなく、感覚されるべき他のなにもの

かが感覚とは別に存在し、このものが必然的に感覚より先に存在しているからである。」

E（イプシロン）　第6章

p.214「我々の求めているのは諸存在の原理や原因、ここではいうまでもなく存在としての諸存在のそれを求めている。」

p.215「もし思想的なことのすべてが実践的〔行為〕であるか、制作的〔生産的〕であるか、理論的〔観照的、研究的〕であるかのいずれかであるとすれば、自然学は理論的な学であり、多くの場合ただその質料と離れないで存在するものとしてのみ定義されるところの実体にかんする学であろう。」

p.216「鼻、目、顔、肉、骨および一般的に動物や、葉、根、樹皮および一般に植物など、これら自然的事物は、いずれもその説明方式のうちに運動が含まれねばならず、つねに質料〔運動の可能性〕と結合されているからである。——そうだとすれば、このような自然的事物についてそれらのなにであるかをいかに探究し、定義すべきであるかは明らか。

またなにゆえ自然学の研究者が霊魂についても、そのある部分を、すなわちその質料から離れては存しえないものとしてのかぎりの霊魂を研究対象とすべきであることも明らか。」

出隆による『形而上学』解説から

「アリストテレスの『形而上学』は科学の研究方法一般、科学基礎論、科学方法論といえる。

▶ＺＨΘ（7、8、9）には弁証法的思考の萌芽、弁証法的唯物論の萌芽が。

あらゆる存在が、他の存在との連関において、そのあらゆる原因、条件から考察されるべきとすすめられ、あらゆる存在が形相と質料との具体的結合体であり、可能態から現実態への転化であると見られる。」（下巻 p.410,411）

アルファ	A	1	A
	α	2	ᾱ
ベータ	B	3	B
ガンマ	Γ	4	Γ
デルタ	Δ	5	Δ̌
イプシロン	E	6	E
ツェータ	Z	7	Z
イータ	H	8	H
シータ	Θ	9	Θ
イオタ	I	10	I
カッパ	K	11	Ǩ
ラムダ	Λ	12	Λ̌
ミュー	M	13	M
ニュー	N	14	N

Z（ツェータ） 第7巻上巻 p.283

「実態は2種に──すなわち結合体（質料と形相）と説明方式（ロゴス）（形相だけ）とに区別されるが──前者はそれの説明方式（形相）が質料と結びついているものとしての実体であり、後者はその全くの説明方式そのものであるが──結合体の意味での実体には消滅がある（というのはこれには生成があるから）しかし説明方式としての実体には、それが消滅過程にあるというような消滅は決してない。」

> レーニン（『哲学ノート』下p.164）「アリストテレスでは、いたるところで客観的論理学と主観的論理学とがまじりあっており、そのさいいたるところで客観的論理学がよく見えるようになっている。認識の客観性は疑われていない。理性の力への、すなわち認識の力、威力、客観的真実性への素朴な信念がある。」

p.289「われわれが一度も星を見たことがないとしても、それにもかかわらず思うに星はいぜんとして、我々の知っているのと別の永遠的実体としてどこまでも存在しているであろう。そうだとすれば、いまここでも、たとえそれが実際にどのような実体であるかを知りえないにしても、なにかそうした実体の存在していることは確かに必然的である。」

> レーニン（**p.166**）「すばらしい！ 外界の実在性はすこしも疑われていない。アリストテレスが迷っているのは普遍的なものと個別的なもの、概念と感覚等々、本質と現象、等々の弁証法においてである。」

ネット社会の危険　　　　　　　　　　　　　ノート2010-1

アリストテレス…受動的な知性と能動的な知性と、「受動的な知性ははかない、無常なもので、能動的な知性なしには、それは何ものも思考しない。」（「霊魂論」Ⅲ─5）
ヘーゲル…認識作用への知性発展の3段階

Ⅰ ▶心……直観　直接的に個別的なある客観に関係している知性の段階。
Ⅱ ▶意識…表象　客観である一般者に関係させる知性の段階。
Ⅲ ▶精神…思惟　諸対象における具体的一般者を概念的に理解する知性。

ヘーゲル『小論理学』第2部　本質論　　　　　　　　　　　　ノート2012-1

C 現実性

a ▶ 実体性の相関 150節　p.103

「必然的なものは自己のうちで絶対的な相関である。すなわち相関が同時に自己を揚棄して絶対的な同一となる過程である。その直接的な形態は実体性と偶有性との相関である。」

b ▶ 因果性の相関 153節　p.107

「原因は、本源的な事柄として、絶対的な独立性と、結果にたいして自己を保持する存立性を持っているが、その同一性は、原因の本源性そのものをなしている必然性のうちで、全く結果へ移行している。

　特定の内容がここでも問題となりうるかぎり、結果のうちには原因のうちにないようないかなる内容も存在しない。」

p.110「もちろん、因果関係は、必然性に属してはいるが、しかしそれは必然性の過程における一側面にすぎず、必然性の過程は、因果性のうちに含まれている媒介を揚棄して、自分が全く自己関係であることを示すものである。」

c ▶ 交互作用 156節　p.114

「われわれが与えられた内容を単に交互作用の見地の下にみるに止まるならば、それは全く没概念的な態度である。その場合われわれはたんなる事実を取扱うにすぎず、因果関係を適用する際まず問題になっている媒介の要求は、再び満足されないままに残るからである。

　交互作用という関係の適用がなぜ不十分であるかをよく考えてみると、それは、この関係が概念に等しいものでなく、まず概念的に把握されなければならないものである、という点である。

　そしてこのことは、この相関の二つの側面を直接に与えられたものとして放置せず、155節、156節で示したように、それらをより高い第三のもののモメントとして認識することによっておこなわれる。そしてこの第三のものこそまさに概念なのである。」

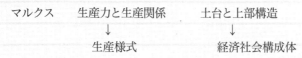

B　方法論　アリストテレス、ヘーゲル、レーニン

ノート2012-1

抽象的概念と具体的概念　悟性的概念と理性的概念

▶直接的生産過程と流通過程　　　　流通過程は資本の再生産過程
▶生産過程と蓄積過程　　　　　　　蓄積過程は生産過程の一契機
▶資本による剰余価値の生産　　　　剰余価値の資本への転化

関係を見出すこと、関係を考えること。
最初は内的な関係被措定有・反省規定
資本、資本価値の増殖　　剰余価値　　　剰余価値率
　　　　　　根拠　　　　労働市場で労働力商品を購入し、生産過程で労働力
　　　　　　　　　　　　商品の使用価値を生産的に消費する。
▶不変資本と可変資本
▶固定資本と流動資本　　　貨幣資本、生産資本、商品資本
　資本一般から　総過程における資本の諸姿容へ
　具体的諸関係をどこまでとらえていくか・とらえられるか、一つにとどまり、わなにはまってしまうか。
　分析的思考によってえられた規定的諸概念をその全体性と統一の中におく。
　分析は推論の第1前提、総合的思考は推論の第2の前提（ヘーゲル）

あらためてヘーゲルの方法、ある研究対象に　　ノート2012-1

　反省的思考、分析的思考による内的本質規定を、即自的本質規定を、
次に同一性、区別、矛盾、根拠、実存、現象へ。
内的と外的、部分と全体、力とその発現、法則。
▶ここまでたどりつくと、満足してしまう。Existenz 学派（実存）
　現実の中でとらえ直せるか、どうか、Wirklichkeit へ。
　具体的なものを具体的に分析できるか、どうか。
　数多くの具体的な関係を見出せるか、どうか。
　マルクスが『資本論』の展開での筋書き、
　　Ⅰ　　資本の生産過程　　　｝ヘーゲルの1→2
　　Ⅱ　　資本の流通過程

131

Ⅲ　総過程が作り出す（資本の）諸姿容　ヘーゲルの3
　　　"Die Gestaltungen des Gesamtprozesses"

「全体として観察された資本の過程から生じてくる諸形態をみつけて叙述すること」(マルクス)

「現実の運動の中では、諸資本は、このような具体的諸形態で相対し合う」(マルクス)

「人が無知識であるほど、すなわち考察の対象の具体的な諸関係を知ることが少ないほど、あらゆる空虚な可能性の考察にふけりたがる、」(ヘーゲル『小論理学』143補遺 p.87)

　21世紀の資本主義の諸問題の考察も、これができるか、できないかにかかっている。

ヘーゲル『哲学史』上巻　2008.6/22 書きこみ　　ノート2012-2、2013-1

(1) ヘーゲルはギリシャ哲学史のこの部分をアリストテレスの研究によらなければ書けなかったことを、強く印象づける。
　　▶アリストテレスの四つの原因説──ヘーゲルは、プラトンの抽象的な理念は、たんに普遍性の形式の中に止まるのに比べて、アリストテレスにおいては、理念は自分自身を規定するものとなり、その作用性または、活動性の規定としてとらえられている（p.224）ことの意義などが、ギリシャ哲学史を通じてたしかめられたことなど、私にとっての収穫の一つ。

(2) ヘーゲルが、全体にわたってアリストテレスに依拠していることと合わせて、ゼノン―ヘラクレイトス―プラトンから弁証法の組立てを吸収していること。さらにアナクサゴラスのヌース、プラトンの絶対理念の思想をヘーゲル哲学観念論の原型（中巻1 p.274 書きこみ）がうかがえること。

(3) アリストテレスの文献は「自然学」「天体論」「霊魂論」など必要な個所を覗いただけだが、アリストテレスが自然科学の帰納法的研究を精力的におこなっていることを強く感じるのに比べて、ヘーゲルはそれは感じられない。

B　方法論　アリストテレス、ヘーゲル、レーニン

ヘーゲルとレーニン

ヘーゲル『小論理学』187補遺

「推理の三つの格の客観的な意味は、あらゆる理性的なものが三重の推理として示されるということ。すなわち、その各項は、いずれも端項の位置を占めるとともに、また媒介する中間項の位置を占めるということ。たとえば、哲学の三部門をなす論理的理念、自然および精神がそうである。

　第三には論理的理念そのものが中間項である。理念、精神および自然の絶対的な実体であり、普遍的なものすべてを貫いているものだからである。これが絶対的な三段論法の諸項である。」((下) p168,169)

　このくだりに対してレーニンは、「ここにはじっさいに客観的に三つの項、すなわち(1)自然、(2)人間の認識＝人間の脳髄（同じ自然の最高の産物としての）および(3)人間の認識における自然の反映の形成がある。そしてこの形成が概念や法則やカテゴリーなどである。

　人間は自然を全体的に完全にすなわち"直接的な総体性"を把握＝反映＝模写することはできない。人間は抽象や概念や法則や科学の世界像などをつくりながら、たえず、それに接近していくにすぎない。

注意:ヘーゲルは、ただ、この『論理的理念』法則は、普遍性を偶像視している。」（『哲学ノート』上 p.158）

「理念は精神および自然の絶対的な実体」(ヘーゲル) に対するレーニンの批判である。

　もしここにアリストテレスが議論に加わると、三つの項は、次のようにあらわれることになるだろう。　　　霊魂論
①自然　→　生命＝植物的 → 動物的 → 人間的　②人間の認識
　　　　　　　　　　　　　　　　　　　　　　　③オルガノン思考の道具
　　　　　　　　　　　　　　　　　　第一の哲学

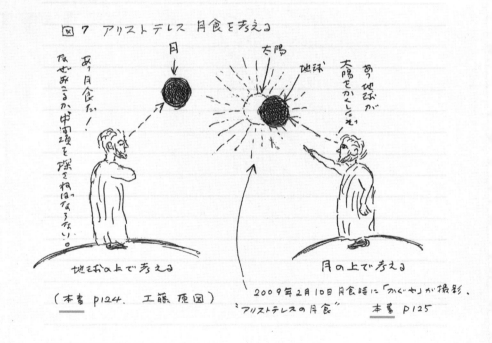

※上図中の"本書"は工藤『マルクス「資本論」とアリストテレス、ヘーゲル』2011

C 世界資本主義経済の構造的変化

笠原重久「UNCTADの新発展戦略」アジア研2001.2　ノート2014-1

1. 一般論としてUNCTADは戦後の国際経済体制の原則に対する挑戦であった。国際経済と国家間貿易関係を管理するイデオロギーと政策に対して、一方でGATTとブレトンウッズ機関、他方にUNCTADが対立してきた。
2. WTO76か国・地域の発足により、任務重複回避を口実に、UNCTADは非WTO加盟国に限られた。
3. パリクラブの国別会合は80年代から劇的に増大した。UNCTADは債務国側オブザーバーとなったが、パリクラブはIMFの構造調整の"自助努力"受け入れを条件としてきた。
4. 冷戦終結後、途上国に有利な国際体制設立目標は、先進国からいよいよ無視されるようになった。
5. 1990年以降、UNCTADの決定は従来の投票によらずコンセンサスになったため、従来の途上国にとって交渉の場ではなくなった。
6. こうして、今回UNCTADが政治的にサポートしているのがG77からそのサブグループである最貧国もしくはそれに類した国々へ移行した。

今日のIT産業

●アップル…スティーブ・ジョブズ初代、iPhone発売2007.6、時価総額2005年、0に近く→2015年、8000億ドル近くに

●マイクロソフト…ビル・ゲイツ1995年マイクロソフトのパソコン用OS・ウィンドウズ95日本語版発売

●アマゾン・ドット・コム…クラウドコンピューティング2013年10~12月世界シェア28%、IBM 7%、マイクロソフト7%

表●世界株式時価ランキング

順位	社名	時価総額(億ドル)
1	アップル	7607
2	マイクロソフト	3862
3	中国石油天然気	3747
4	グーグル	3738
5	バークシャー・ハサウェイ	3571
6	エクソン・モービル	3559
7	中国工商銀行	3109
8	ウェルズ・ファーゴ	2887
9	ジョンソン・エンド・ジョンソン	2804
10	中国移動	2785

注：5/27終値時点
週刊東洋経済 2015.6.13

ディナ・プリースト『終わりなきアメリカ帝国の戦争』2003.12

ノート2005-2(『経済学をいかに学ぶか』10)

「得意の秘密兵器をもっている、米特殊部隊という——アフガンで脚光をあびる以前から125か国で活動していた」p.14

「1991年特殊作戦司令部の強い要望もあって、ほとんど議論されないまま一つの法律が議会を通過した。特殊部隊による外国部隊の訓練がアメリカ軍の利益になるとペンタゴンが判断したばあいには、これをみとめるというもの。この法的ぬけ道によって、パキスタン、インドネシア、コロンビアに対する議会の制裁措置をかわすことができた。そして1993年には特殊作戦軍は独自の外交路線をねりあげた」p.111

「しかしアメリカはナイジェリアから撤収するわけにいかなかった。アフリカ最大のイスラム教国家であるばかりか、専門家は『この地域でのかなめ的存在』とよんだ。ナイジェリアには世界各国あわせて70億ドル（WIR 04では238億ドル）が投資されている。それというのも石油埋蔵量は少なくとも250億バレルに達し、しかも軽質原油で、アメリカの石油輸入量の8％をしめる」p.181

「アフリカ各地でも米第3特殊部隊が現地軍の訓練にあたったが、それはベナン、ボツワナ、カメルーン、ギニア、ガーナ、ギニアビサウ、コートジボワール、ケニア、マラウイ、マリ、モーリタニア、モザンビーク、ナミビア、ナイジェリア、ルワンダ、セネガル、シェラレオネ、スワジランド、トーゴ、ウガンダ、ザンビア、ジンバブエ、エリトリア（エクアドルはエリトリアのまちがえ？）に及んだ。」p.187〔23か国〕

▶2008.10米統合軍アフリカ軍司令部（ドイツシュツトガルト始動）

▶米特殊部隊による自衛隊訓練調査のこと

『経済学をいかに学ぶか』以後の視点問題

ノート2007-1

1. **資本集中、国際的な集中おしすすめる段階へ。**

    TNCsの資本循環の形態へ適合させてゆく（TNCs主導の国際化進展）段階、世界的に国と国との経済関係の変更求められる。

    GATTからWTO、OECDの位置、G7の位置、EU、米ドルとユーロ

2. TNCs の資本循環のための諸条件　貿易自由化に加えて為替、資本の自由化、主要国銀行・証券のビッグバン、国際金融市場の統合。
　　① TNCs の活動、各国政府によるコントロールの外へ出た！
　　② 国際的生産（研究開発過程も内部にとりこみ）の稠密に組織化された巨大な体系、対、膨大なマニィド・キャピタル〔利子生み資本、貨幣資本のこと〕銀行業も為替取引も24時間の投機業に化する。マニィド・キャピタルの国際間移動のスピード、本来の資本輸出（グリーン・フィールド）による資本（現実資本）形成と比べものにならない。

3. マルクスの予言　資本主義経済の構造、資本（現実資本）を下部として金融資本が上部に重なる二重構造となる。

　◎ 新自由主義、何よりも世界資本主義のこのような段階におけるTNCs、国際金融資本のため、これまでの国による規制、国際間のルールをいっきょに取りのぞく政策、そのイデオロギー化（ハイエク、フリードマン etc. もちこみやすい）

I グラス・スティーガル法　背後にあった基本的考え方は何か？
ロン・チャーナウ『モルガン家』上　p.435　　　　　　　　　　ノート2007-2

「第一に、20年代に節度ある謹厳実直な人物から押売りに一変して人々にリスクの大きな株や債券の投機を盛んに推し進めた。一般投資家たちは、商業銀行と証券会社の区別がつかず、ペコーラによると、ナショナル・シティ・バンクの証券会社のセールスマンたちはそれを良いことに『効果絶大な親会社の名前の威をかりて売り込みにきた』という。

　預金業務と有価証券業務の一体化が内部の利害衝突を生み出すので、それを防ぐという主張もあった。

　一体化したままだと、たとえば銀行が不良債権をつかんだ場合、これを債権の形に変えて投資家に押し付ける恐れがある。ナショナル・シティ・バンクが証券会社を使ってラテン・アメリカ債を処理した例を見るまでもない。

さらに銀行が投資家に資金を融資してそうした債権を買わせるおそれもある。

　グラス・スティーガル法の考え方の最後の点として、銀行と証券会社とを放置しておくと、連邦準備制度が預金者と投機筋の両者を支えざるをえなくなるから、その点の是正を図った。

　つまり、証券会社が支払い不能状態におちいれば、親会社の銀行を保護するために連邦準備制度が救済にのり出す必要が出てくるかもしれず、いいかえれば政府が預金者を救済するために投機筋を保護しなければならぬ羽目になりかねなかった。」

Ⅱ　グラス・スティーガル法形骸化する動き

SEC〔アメリカ証券委員会〕が株式売買委託手数料自由化した1975.5.1（メーデー）以来、ウォール街M&Aへの進出、どっと加速。
●イギリス…"Big Bang"1986 10.27　　●日本………"Big Bang"1997～

大機小機　　「日経」08.3.11　　　　　　　　　　　　　　　　ノート2008-1
弱者に集中する経済の矛盾

　かつての閉鎖的な国民経済（一国資本主義）と異なり、グローバル経済では必ずしも労働者と消費者が一致する保証はない。

　むしろTNCsは戦略的に両者を分断し、より安く生産し、より高く販売することで利益を拡大している。

　グローバル経済で労働者と消費者の分断が可能になったのは、モノを生産せず、労働者＝消費者を必要とせずにマネーだけを拡大再生産するバーチャルな金融市場がインターネット上に誕生したからだ。

　このバーチャルな金融市場には世界経済を混乱させる要因が潜んでいる。モノの生産とは無関係に、異常にふくらんだり急速に縮んだりする投機マネーの存在である。

　その影響を最も深刻にうけるのは危険をヘッジできない弱者である。

利子生み資本がつくり出すもう一つの経済

ノート2008-1

インターネット上のバーチャルな金融市場——これこそスティグリッツのいう無重力経済

マルクス「信用制度の発展や、貨幣業務の巨大な集積は即且向自的に moneyed capital の蓄積を現実の蓄積とは異なった形として促進せざるをえない。」(工藤『マルクスは信用問題について何を論じたか』p.95)

「moneyed capital の発展につれて利子生み証券の量が増大する。」(同上 p.99)」

マルクス草稿で、第3部第5章〔篇—エンゲルス版〕利子と企業者利得とへの利潤の分裂、利子生み資本—6節〔同上16章〕構成のうち第5節、信用、架空資本だけで178ページ、第5章〔篇〕254ページの70パーセントをしめる。このマルクスの魔法の箱の中にとじ込められていた資本主義が生み出すもう一つの経済が20世紀末から21世紀に入って現実になった！

梅沢正邦「最高の中銀マンが作った虚構の市」「東洋経済」08.5.17 アウトルック

ノート2008-1

「1980年代後半に過剰流動性バブルを経験した日本人からすれば、マエストロの罪は自明すぎるほど自明だが、超低金利＝過剰流動性はたんにバブルの苗床だっただけではない。

ヘッジファンド、プライベート・エクイティ・ファンド、そして投資銀行（もっと正確にいえばイングランド銀行のいう LCFIs〔巨大複合型金融機関〕）

国際金融社会の"ベスト＆ブライテストたち"の"まやかしの行動も同じ過剰流動性が引き起こしたことが明らかになりつつある"」

国際金融社会の"ベスト＆ブライテストたち"のまやかしの行動——あのマルクスが言明した「もっとも純粋かつもっとも巨大な詐欺制度・賭博制度」のプレイヤーたち。(reinsten und kolossalsten Spiel- und Schwindelsystem)

資本主義の三つの発展段階

久留間鮫造編『マルクス経済学レキシコン』⑤　　　　　　　　ノート2008-2

▶ Ⅷ 唯物史観からみた資本主義的生産の発展

　4. 資本主義の三つの発展段階と、この各段階で自由競争がもつそれぞれ異なった意義

　　マルクス『資本論草稿集』2（p.407〜409）

1. 資本主義の発展段階を考えなければならない。
2. 自由競争についていえば「資本の支配が自由競争の前提であるのは、ローマ皇帝の専制が自由なローマ「私法」の前提であったのと全く同様である。」(『草稿集』2 p.409)
3. 資本が廃棄したのは、資本に照応しない、資本にとっては制限である諸限界…TNCs（多国籍企業）がTNCsとともに発展したLCFIs（巨大複合型金融機関）にとっては照応しない、かれらにとっての諸制限を、と読みなおすこと。

　　TNCs形態の資本にとっての自由な発展をさまたげるような制限をとりのぞこうとする。その口実としての新自由主義的言い分、スローガン…経済全体、国民全体にとってそれがいいのだという。

　　新自由主義をとなえる人が出てきたから、ハイエク先生、フリードマン先生が出てきたから新しい経済形態が生まれた、のではない。
アメリカの軍産複合体も自由競争の産物だろうか？
　　「日本経済再生への戦略会議」のような国の政策決定そのものを巨大資本の代表者たちに丸投げしている体制も自由競争の産物であろうか？

●日本の場合
80年代日米経済戦争、対日圧力
新たな経済危機に遭遇　————→巨大資本にとっての逃げ道　新しい形態で
　　　　　　　　　　　　　　　金融超緩和
　　　　　　　　　　　　　　　民間活力による大型プロジェクト

土地バブル崩壊・90年代不況
→次の新たな経済危機　————→次の逃げ道
　　　　　　　　　　　　　　　銀行国有化を含め
→国民へのツケまわし・大収奪　公的資金、どさくさまぎれの恩典

M&A を考える

> マルクス「資本主義的蓄積の一般法則」（第1部第2篇）、「資本主義的生産の発達における一般的利潤率の傾向的低下の法則」（第3部第3篇）
> 大資本による中小資本の収奪、…。平和的な話し合いではない、「うち滅ぼす」といっている。だから、かの有名な最後は「収奪者が収奪される」。

> レーニン「不況期には小さな企業が没落するのに、大銀行はこれらの企業の安値買収か、あるいはもうけの多い「整理」と「再組織」かに「参与する」」（『全集』㉒ p.270）産業資本のカテゴリーであるトラストについては、「アメリカのトラストは、競争者を排除するためには、経済手段に限ることなく、たえず、政治手段に、それどころか刑事犯罪的な手段さえ訴える。」（同㉓ p.39）

BC (2008.9.16) PBS 米国エコノミストの討論

5大証券が2大証券になってしまった驚き。残った投資銀行2行だけ。政府がリーマン・ブラザーズ証券を救済しなかったこと――ベアーのとき、2公社（ファニーメイ、フレディマック）のとき公的資金出したが、なぜリーマンを救済しなかったか？ AIG 社もありゴールドマンサックス社もあり、一つ一つに税金を使うときりがないからか？ 2公社だけでも税金どれだけ使うかわからないからか？

経済アナリスト N. ルービニ曰く――「利益は私物化し、損失は社会化する。」…けだし、名言？

2008.9.24 発田 真人「みずほ総合研〔調べ〕による、米企業利益に占める金融業（保険、不動産を含む）の比率、1985年2割強から2004年3割強へ、製造業5割弱から3割弱へ。

日本は、製造業4割、金融業1割、

中国がものを作り、米国が消費する――90年以降の世界経済は、米国が金融で

かせぎ、過剰消費することで成り立ってきた。可能にしたのは、先端の金融技術だった。株式など金融資産が世界のGDPの3倍にふくらむなど、実体経済との均衡がくずれ、バブルを生み出した。」

矛盾の迂回的爆発（注）　　　　　　　　　　　　　　　　ノート 2008-2

●これまで新しい矛盾爆発の発火点として
第1幕　ブレトンウッズ体制の崩壊［米ベトナム戦どろ沼化］
第2幕　石油危機―独占資本主義国、再生産の危機
　　　　［英・米が中東にイスラエルを据えたことに始まった中東戦争の進行］
第3幕　途上国の累積債務危機→西側銀行の金融危機切迫
第4幕　アメリカの債務超過国への転落→日米不均衡拡大→日米経済戦争→プラザ合意→日米構造協議の圧力→超円高"内需拡大"［レーガンの強いアメリカ、ソ連と核軍拡競争…］
第5幕　戦後最高の高度成長国「日本の失われた20年」始まる
第6幕　アメリカ発　史上最大の世界経済危機
第7幕　欧州の経済危機、［イラク、シリア、リビア…内戦、ISの広がり、テロ拡大、中東の不安定孤で、米、英、西側どろ沼状態に］。→ヨーロッパ難民問題拡大

（注）工藤『混迷の日本経済を考える』p.90〜

ヒルファディング　銀行と産業信用（『金融資本論』第5章）　　ノート2008-2

p.139「銀行は第一に、支払い取引の媒介者として機能した。銀行は支払いの集積が地域的相違の調整によって支払い取引を拡大する。

　第二に、銀行は休息貨幣資本を機能貨幣資本に転化した。銀行は貨幣資本をあつめ集積し、分配し、そうすることでこれを社会資本の循環に必要なその時々の最低限をおさえた。

　第三の機能として、銀行の引受けるものはすべての他の階級の貨幣形態における所得をあつめ、これを貨幣資本として資本家階級に融通することである。このようにして銀行の管理する資本家たち自身の貨幣資本のほか、すべての他の階級の休息貨幣が、かれらのもとに流れていって、生産的に応用される。」

p.145「さしあたり流動資本のための信用の要求→一度固定資本のための信用が要求されると、信用授与の条件が根底から一変する。」

p.146「この種の信用授与にともない、産業にたいする銀行の地位が変化。

　銀行が支払い取引を媒介するにすぎないあいだは、もともと瞬間的な状態（支払い能力）だけにしか関心をもたない。こうした吟味から良い手形は買い、当面の市況からみて正常な価格で売れる商品には前貸しし、株券は担保にする。

　だから銀行の活動分野はもともと産業資本であるよりもむしろ商業資本であり、それとならんで取引所の要求をみたすこと。

　銀行の産業に対する関心も、生産過程にかんするよりは、むしろ卸売商人への産業資本家の販売にかんする。

　だが銀行が産業資本家に生産資本を融通するところまでくると、違ってくる。」

p.147　産業に対する関係の変化→銀行業集積へのすべての傾向強化

▶ そのさい銀行の三つの機能…

① 支払い信用にあらわれるもの

② 資本信用にあらわれるもの

③ 発行業務にあらわれるもの（発行引受け）

p.150「発行機関としての銀行の機能もまた、最大可能な集積が必要。

大銀行は売り出しの好機をえらぶ。

取引所に手をうつことができる。

その後も相場の動きをあやつって、企業の信用を守る。

銀行の発行力への要望は産業の発展につれて、ますます大きくなる。」

米銀の企業向け融資業務の変容　「財界観測」1998-2　　ノート2009-1

p.6「そこで近年は、ハイイールド債が活況を呈している資本市場同様、ローン市場においても収益性の高いレバレッジド・ローンで注目されつつある。」

「レバレッジド・ローンの用途は、当時（最盛期80年代後半）と異なり、多様化している。87~89年にかけてはレバレッジド・ローンに占めるM&A関連案件の比

率が7~9割、94年以降、第二のM&Aブームが牽引役となっていることに変わりないが、M&A関連案件の比率は4~5割どまり。」

「またM&A案件でも80年代後半のようなファイナンシャルM&A（買収した企業の価値をリストラや資産売却によって高め、最終的に売却してキャピタルゲインを得ることを目的としたM&A）よりも、ストラテジックM&A（事業会社が本業の強化・補完を目的としたM&A）が主流となっている。

しかもレバレッジド・ローンに注目しているのは銀行だけではない。その魅力には、証券会社、ミューチュアルファンド運用会社、保険会社等も関心をたかめており、新規参入の動きが加速化している。」

▶金融資本によるファイナンシャルM&Aと
▶事業会社によるストラテジックM&Aと

工藤『現代帝国主義研究』1998年刊から10年、自動車をはじめ日本大企業の海外生産比率のたかまり、いちじるしい。　　ノート2009-1(2009.5.6)

グローバル・バリュー・チェーン展開で、自動車では日本勢が勝利したが、半導体ではおちぶれていった。

▶国際化Ⅰ、国際化Ⅱの概念重要。

はじめて発表したのは『帝国主義の新しい展開』1988年 (p.199~)、『現代帝国主義研究』で国際化Ⅰ、国際化Ⅱの用語をつかう。(p.250~)

　　1930年代　　　世界大恐慌は国際化Ⅰ→列強の通貨圏へ分裂
　　2007年~　　　世界最大の経済危機は国際化Ⅱでおきた。

これまでマルクス経済学の中では、資本主義の発展段階最高の段階として独占資本主義段階があった。これは有意義、それに加えて国際化Ⅱの段階を。この考えの発表につづき、UNCTADのWIRはホスト国のトランスナショナリティ概念(多国籍化指標)をうち出した。

(Transnationality index for host economics—右表参照、初出：工藤『今

● Transnationality index for host economics

		90~95 平均	第1の高波 2000年	第2の高波 2007年
world	in	4.1	19.8	14.8
	out	4.8	17.1	16.2
先進国	in	3.6	21.3	15.6
	out	5.5	20.8	21.2
途上国	in	5.7	14.9	12.6
	out	2.5	6.1	6.4

日の世界資本主義と「資本論」の視点』図4 p.35)

　貨幣資本（マニイド・キャピタル）の立場からはあらゆる具体的な形態、実体的なものが消えうせる。

　G — G' だけである。

　この観念から、かれらの経済学は市場経済学だけになる。

　市場原理主義、新自由主義。

戦後の世界経済の流れを見ると　　　　　　　　　　　　　ノート2009-1

1. α 戦後産業循環の運動いぜんとしてつづく。

　　　　……OECD Historical Statistics 1970-2000 p.159

　　β 価格の下落なき経済不況（第2次大戦以前との違い）

　　日本90年代不況、デフレはじめて。

　　　　……OECD Economic Outlook　2008／2

2. 最大の資本主義国米国経常収支赤字継続、拡大。

　　世界最大の対外債務国→金融的に突破。

　　▶ 1997〜2000年 USA 赤字1兆ドル　日本の流出超4500億ドル42%

　　▶ 2001〜2007年 USA 赤字4.2兆ドル　日本の流出超1兆ドル25%だけでなく、新興国、途上国2.8兆ドル66%

今日の世界経済は、世界生産の1/3以上、世界貿易の2/3を支配するにいたった TNCs と、わずか十数行で世界の金融に君臨するにいたった LCFIs によりひきずりまわされるようになった。　　ノート2009-1

> 米国における世界史上最大の金融バブルと TNCs〔多国籍企業〕の第2次 FDI〔海外直接投資〕ブームの頂点がかさなった。そして金融バブルの爆発から崩壊がはじまった。それは最大の TNCs と LCFIs〔巨大複合型金融機関〕を生み出した母国アメリカが、戦後出発点での圧倒的強大さを失ってゆき、世界最大の債務国へ転落した時であった。

アメリカ発、30年代以後最大の金融恐慌、世界経済恐慌へと、私が、2007年学習会で使用しはじめた21世紀世界経済の全体像※の中に回答があった。

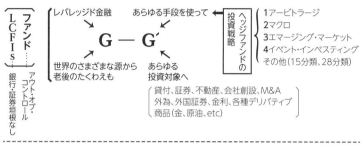

新しい視点▶資本主義的生産様式解体の要素の発展
――見つけることだけではない。そこから当面の進路を明らかにすること。

ノート2009-1

　資本主義的生産の発展→資本蓄積の過程→大資本への、いよいよ少数者となる大資本への資本の集中→発達した資本主義国での独占資本→国際カルテル、国際トラスト→TNCsへの集中。かれらのクロスボーダーM&A。

　一方では、資本主義生産様式の運動形式といえる国民経済の解体。

　もう一方では、TNCsの覇権を争う→最先端技術部門の創出、技術革新のスピードのはやさ。資本そのものの存立をおびやかすようになった。人間の精神的成長をも、地球環境をも。

マルクスはフランスのクレディ・モビリエを評して

ノート2009-1

「信用制度に内在する二面的性格――一方では、資本主義的生産の動力ばね、すなわち、他人の労働の搾取による致富を、もっとも純粋かつ巨大な賭博とぺてんの制度にまで発展させ、社会的富を搾取する少数者の数をますます制限するという性格、しかし他方では、新たな生産様式への過渡形態をなすという性格――この二面性こそは、ロー（仏王制の財務総監）からイザアク・ペレール（クレディモビリエの創立者）にいたる信用の主要な宣伝者にたいして、ぺてん師でありまた預言者であるという、かれらのゆかいな混合的性格を与えるものである。」（『資本論』第3部第27章Ⅲa p.766）

末村篤（「日経」9/15）

ノート2009-1

株式と社債と証券化商品との違いを分析している。

▶株式と社債	▶証券化商品
会社法や会計制度等の整備に数百年ついやし高度に規格化、標準化された金融商品、投資家はおおむね開示情報で投資判断可能（?）格付けは額面通り一つの意見として機能する。	融資債券の分解・合成を繰り返した商品。規格化、標準化以前に、組成した本人しか中身はわからない商品で、格付け会社の格付けが「唯一の保証」となる。私募形式の証券化商品は不完全・欠陥商品といえる。

ノート2009-1（2015.11追加）

今日の経済危機の全体像
　α 戦後最大の金融危機
　β 戦後最大の過剰生産恐慌
　γ 米国の対外不均衡長期継続の結果——ドル債務上の楼閣　米国経済の破綻、
　そして米国の対外不均衡長期継続（γ）は、TNCs化・FDIサージ（β）と、マネー
　資本のふくれあがり（α）とを内包した。米国の対外不均衡の長期継続。
　(2015.11.11) このような意味で、マルクス「ブルジョア的生産のすべての矛盾
　は、一般的世界市場恐慌において、集中的に爆発する。」（『資本論草稿集』6 p.569）

大谷氏からいただいた難問がやっと解けた。　ノート2009-1（12.17）

1. Privatproduction ohne die Controlle des Privateigenthums　(MEGA II/4, p.503)
　 des は中性名詞の2格であることに注意していなかった。
　 大谷禎之介氏がいわれるとおり、私的所有によるコントロールなきである。

2. 私が到達した結論は次のとおり。
a. 個人資本家はオーナーでもあり、経営者でもあるから、彼は一定額の資本を前
　 貸しする。同時に、資本の生産過程で、再生産過程の機能を遂行する機能資
　 本家であるから、また、それぞれの資本の回転時間があることから、彼の私的
　 所有としての資本価値の増殖はある一定の時間後はじめて実現できるという時
　 間的制約のもとにおかれ、さらにその増大率は、利潤率平均化の法則の作用を
　 うけることから、その範囲内にとどまるだろう。
b. ところが株式会社があらわれるようになると、株式取引をめぐり金融業者は投
　 機や、いかがわしい方法でかせいで富を大きくしていく。このようなやり方は
　 先述の「私的所有による規制」外である。

われわれの視点　〔2010.3.11の後〕に追加して　　ノート2015.11.17

―A.
- 生産諸力の絶対的発展への傾向（マルクス）
- あまり早い技術革新は、個別資本の存続をあやうくする（マルクス）
- 生産に科学技術的性質を与えることが資本の傾向、直接的労働はこの過程のたんなる一契機に、下位の契機に引下げられる（マルクス）
- 資本はこのように生産を支配する形態として自己自身の解体をおしすすめる（マルクス）
- 先進資本主義国、雇用を増やせなくなった。

―B.　原子力発電、スリーマイルズ、チェルノブイリ→福島

地球温暖化対策の名のもとやられてきた。
使用ずみ核燃料処分の空間がない。
もんじゅ破たん→核燃料サイクル破たん→プルトニウム蓄積

―C.　第2次大戦後のパックス・アメリカーナの終末期

1) アラブ民族圏内に英、米 植民地主義のセンター イスラエルを創設したこと。
2) 世界最大の産油地帯…米 ディバイド・アンド・ルール（分割し統治せよ）を続けたこと。

1952 エジプト革命に対し 1978 エジプトを親イスラエルに、1979 イラン革命に対しイラクを支援し 1980～88 イラン・イラク戦争を、ソ連（1979～1988アフガン侵攻に対し）に、米は、ベトナム戦争の体験をさせようとビンラディンなどを支援。→2001.9.11

第2次大戦から…米は、最も反動的ワッハーブ派サウジに最大の軍事支援、拠点をつくる。

1991 湾岸戦争、2001 アフガン侵攻、2003 イラク戦争、2007 イスラエル、米と協議の上、シリアの核爆撃、イラク内戦、シリア内戦、……

IS、EU 難民流入、フランス IS テロ

　　　　　▶アサド政権支援…ロシア、イラン　　　▶反アサド勢力支援…米、英、仏

3) 現在の危機打開への国際統一戦線をつくりだす革新勢力の結集が弱い。

C　世界資本主義経済の構造的変化

ともかく、オスマントルコによる支配の時代をのぞいても、第1次大戦から今日まで100年にわたって、中東地域のアラブをはじめ諸民族は、米、英、仏帝国主義勢力によってふみにじられてきた結果、フランス・パリでのテロなどのひろがりとともに、アラブをはじめ諸民族の絶望的難民問題のひろがりとがあり、このような苦難がエンドレスになっている。

工藤『日本独占資本の現段階をみる』1986.4　　ノート2011-1(2011.8.7)

日本独占が米の新植民地主義支配に依存して海外進出をつづけていること。

▶ 1966～1975　　（米、ベトナム戦で敗北）

日本の直接投資　FDI、上位50か国：日本の政府援助もかなりの額だが、米国ははるかに多い。3.9倍。かなりの部分軍事援助。50か国中、米と軍事条約35か国

　日本独占、政府ODAを先行させ相手国政府を懐柔しつつ進出という図式だけでは説明できない。

　米国が、軍事援助をふくむ政府対外援助を日本よりはるかに多くばらまき、また軍事条約を結ばせ、米国の支配、影響力をおよぼしている途上国に日本独占が進出していくという図式が強烈。

▶ 1976～82

日本のFDI：上位50か国への日、米の対外援助、米は日本の1.8倍。米との軍事条約33か国、軍事援助合せて39か国

日本独占、米国の軍事的支配、影響力に頼って進出。

「日本が資本輸出国になったがゆえに、日本独占はみずからの資本輸出の安全のために、米帝の途上国への新植民地主義支配、軍事的支配への依存をいっそう深めている。

　ここに日本独占が対米従属下の帝国主義復活の道をあくまでも進もうという重要な契機がある。」(p.25~27)

"現代帝国主義消滅説"　　　　　　　　　　　　　　　　　ノート2011-1

　次のような見解に注目した。

資本主義は、19世紀の末ごろまでに、ほぼ世界全域を植民地として支配したが、20世紀の後半に、世界情勢には、この点にかかわる巨大な変化が進行し、植民地体制が崩壊し、植民地支配を許さない、国際秩序も生まれた。資本の輸出なども、以前のような経済的帝国主義の手段という性格を失ってきた。

1. まずレーニンの『帝国主義論』、『帝国主義論ノート』から見ると。

A ▶ ズーパン p.254

面積100のうち、アメリカ合衆国をふくむヨーロッパ植民地列強に属するもの

	1876年	1900年	
アフリカでは	10.8	90.4	+79.6
ポリネシアでは	56.8	98.9	+42.1
アジアでは	51.5	56.6	+5.1
オーストラリアでは	100.0	100.0	—
アメリカ(1)では	27.5	27.2	-0.3

(1) アラスカはアメリカ合衆国の植民地と考えられている
『帝国主義論ノート』p.264、『帝国主義論』p.294

2. 第2次大戦後の（「20世紀後半の」というけれども）、現代資本主義、現代帝国主義を具体的に分析、研究した形跡が見えない。

▶中南米では…20世紀末までの流れの中で、たとえば

● グアテマラ：**1954年**、グアテマラ革命に対し、米国は、亡命右翼軍を侵入させ左翼政権をたおす。クーデター以後、20万人死者、一般市民、90〜96％はグアテマラ軍の手により。

● ニカラグア：サンディニスタ政権に対し、米国は反政府右翼コントラに軍事援助。**90年**内戦終結。**88年**まで5万7000人死亡。

● エルサルバドル：レーガン政権、ここで革命成功するかもと、軍事援助で革命妨害。

● パナマ：**1989年**　2万6000米軍侵攻。2500〜4000人殺害。

C 世界資本主義経済の構造的変化

- チリ：**1973年** 米支援反革命軍がアジェンデ政権を倒す。
  73〜90年 軍政下で死者、行方不明者3197人、拷問2万8000人。
- アルゼンチン：**1976〜83年** 軍政下弾圧、死者・行方不明者、3万人。

ティム・ワイナー『CIA秘録』（ケネディ・ジョンソン時代／第26章）によると「CIAのアル・ヘイニーのプログラムは25カ国で77万1217人の軍人、警官を訓練した。とりわけCIAが隠密行動で準備した国では、それが大規模に行なわれた。

これによってカンボジア、コロンビア、エクアドル、エルサルバドル、グアテマラ、イラン、イラク、ラオス、ペルー、フィリピン、韓国、南ベトナム、タイなどの秘密警察が生まれた。CIAはまたパナマに国際警察学校を設立し、テキサス州、ロスフレスノスクの「爆弾学校」では中南米の警官を訓練していた。

CIAは中南米の11か国——アルゼンチン、ボリビア、ブラジル、ドミニカ共和国、エクアドル、グアテマラ、ガイアナ、ホンジュラス、ニカラグア、ペルー、ベネズエラ——の指導者を支援していた。」（下、p.56.57）

9.11以後の米帝国主義論　　　　　　　　　　　　ノート2011-1

・チャルマーズ・ジョンソン	・ディナ・プリースト
・ジョン・ピルジャー	・クライド・プレストウイッツ
・セイモア・ハーシュ	・ロバート・ベア
・リチャード・クラーク	・ティム・ワイナー
・ジョンセフ・スティグリッツ	・サイモン・ジョンソン＋ジェームズ・クワック

注目すべき論点をいくつか

1) 新しい形をとり帝国主義が存在する。
2) 9.11は最大のテロ国家・米国への報復。
3) CIAの秘密工作の歴史がはじめて明らかになる。

▶米国は153か国に軍隊をおき、少なくとも36カ国と軍事条約、安保条約を

（ジョンソン p.370）

▶ 米国特殊部隊125カ国で活動していた（ディナ・プリースト p.14）
▶ 国防省不動産資産目録　海外基地

  2001年9.12　　725　　1178億ドル
  2006年9.20　　823　　1263億ドル　　5年間で100ふえている！

▶ 「この世界では1980年以来90以上の国々が『構造調整』という名の巧妙な略奪システムに追い込まれ、かつてないほど、貧富の格差が拡大。ワシントンが運営する金融機関をつうじて構造調整プログラムは最盛時の大英帝国よりはるかに大きい支配権を債務国に行使している」（ジョン・ピルジャー p.135）

▶ 「IMFと世銀は米財務省の縄張りの一部、そこではほとんど例外なく財務省が自分の見解を押し通せるのだ」（スティグリッツ p.124——スティグリッツ…1993 クリントン大統領の経済諮問委、1997. 世銀チーフ・エコノミスト兼上級副総裁）

WIR 2011　2つの新しい点　　　　　　　　　　　　　ノート2011-1

1) Sales and value added of foreign affiliates in the world reached $33 trillion and $7 trillion, respectively. They also exported more than $6 trillion, about one-third of global exports.

  TNCs worldwides, in their operations both at home and abroad, generated value added of approximately $16 trillion in 2010 — about a quarter of total world GDP.

2) Non-Equity Modes (NEMs) of international production are growing importance, generating over $2 trillion in sales in 2010, much of it in developing contries.

1) 私の推計：世界のGDPの1／3より小さい。
2) はじめて示された

			付加価値
海外子会社	sales	33兆ドル	6.6兆ドル
NEMs	Sales	2兆ドル	0.4
	計	35兆ドル	7.0

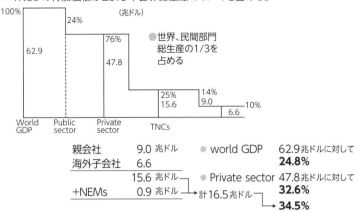

1. 『現代帝国主義研究』1998.10 で UNCTAD WIR 97 の TNCs の世界経済に占める比重を海外子会社だけで表示することへの私の批判に対して、WIR 99 はじめて親会社を含めて 25% と示した。
2. 『資本主義の変容と経済危機』2009.11 で私がその後の高まり 1/3 と見つもったことに対して、WIR 2011 25% という数字を示す。

    さらに私がファブレス・ファウンドリー、サブコン etc. の国際分業型をとり上げたことに対して、それを大きくとり上げた[※]。

    ※ WIR 2011 Non-Equity Modes of International Production and Development

ノート2010-1

1. 米国、および英、独、仏、スイス最大の銀行がやった史上最大の金融ギャンブルの崩壊（どこからも監視されざる金融取引）

    IMF によると、　　　09.9月 世界の金融機関 07〜10年損失
    3兆4000億ドル（約306兆円）　米国 GDP の 7.4%
    　　　　　　　　　　　　　　ユーロ圏16か国 6.6%

2. 米欧信用大収縮→米、日欧 TNCs　FDI サージによる過剰生産恐慌へ
   国内での投資停滞に対し海外での FDI 急増させていた。

G7	1991	2000	2007	
名目固定資本形成	1	1.4倍	1.8倍	(『資本主義の変容と
FDI	1	9.1倍	12.8倍	経済危機』p.63)

最大失業率		2007	2009	
	米国	4.6	9.3	
	英国	5.4	8.2	
	ユーロ圏	7.4	10.0	(OECD Economic
	日本	3.9	5.2	Outlook 09.6月)

3. 各国政府による大銀行救済対策の公的支出は莫大な額に
   →大銀行の損失上記の程度に収まったこと。

EU	2009	6月	金融対策	3.7兆ユーロ	GDP31%	約500兆円
追加	2010	5月		0.75兆ユーロ		90兆円
米国も同程度	2009			4.27兆ドル	GDP30%	約400兆円

(注：2009年、米国の GDP は13.8兆ドル、1ドル＝93・6円)

4. "日本の失われた10年"におちいらないようにしよう、といってきたが、そうはいかなかった。
   国家財政の破たん。金融機能のまひ。

田村秀男『文藝春秋』2010.7 ノート2010-1

▶中国人民銀行、1980年以来人民元を売り米ドルを買う介入で低めに安定させ、日米欧の企業や東南ア華僑、華人から投資をよびこむと同時に、輸出を拡大させ、改革開放路線を成功させ、人民元を刷って買ったドルで米国債を購入。

▶中国はまたファニーメイ、フレディマック債券の一大スポンサーであり、2008年6〜9月中国の MBS など米政府機関債の大量売却が、リーマン・ショック誘因の一つに。

　　FRB（米国連邦準備制度）は、116兆円以上のドル資金を追加発行して紙くずになりかけた MBS を買い上げてきた（3月末うちきり）。

人民元切上げで1兆5000億ドル以上のドル建て資金の目べり、「胡錦濤総書記、江沢民前総書記が背後にいる上海閥に押されぎみ」

▶国有企業幹部、既得権者、人民元切り上げの予想からインサイダー的行動へ。国有企業や党中央から特別の許可をもらい、香港経由でカリブ・タックスヘイブンに法人設立。巨額の外貨資金をころがしてきた。

- 2004年　　末　　　　1ドル　　　=　　8.27元
- 2008年　　末　　　　〃　　　　=　　6.83元
- 2010年　　7/7　　　　〃　　　　=　　6.78元
- 2004年　　末　　　　1ドル　　　=　　8.27元

　　　　　　　たとえば　　827元　　→　　100ドルを　　カリブへ
　　　　　　　　　　　　　827元　　←　　　〃
　　　　　　　不動産へ　　　↓　　　　　　　　　　　↓
　　　　　　　2倍　　　　1654元
- 2010年7月　　1ドル=6.78元　　　　　　244ドル

熱銭 ホットマネー／ 4つのルート…建前上、海外からの資金のもちこみ厳格チェック、高い税が。

1) 貿易の虚偽申告で輸出額高くし、うけとる外貨額ふくらます。
　　海外のペーパーカンパニーから、外貨にまぎれこませて銀行で人民元にかえ
　　——→不動産投資へ。
2) 外国からの直接投資や証券投資、貿易信用など貸付の名目をとる。
3) 中国系やみ金融機関（地下銀行）ルート。
4) 海外在住個人がドルなど外貨を中国国内の親せき・知人の国内口座に。

貿易収支09年　　　　1961億ドル　　外貨準備 +4591億ドル
貿易収支10年(1〜3月)　　赤字　　　外貨準備 +480億ドル

▶中国共産党中央はリーマン・ショック後4兆元（5900億ドル）の景気対策、国有商業銀行に融資　　前年比3倍に→不動産バブル、株式バブル

　米国はドルを自由に発行することで、世界に軍事基地をはりめぐらせて、物資を調達する。石油もドルを刷れば手に入る。米国債、米企業株式、住宅ローン担保証券など、金融商品は何でも自由に買える、米ドル建てになっているから、世界の投資家がとびつく。

ドルが過剰になれば、ドル暴落の危険が。米国がとるべき本来の役割は、金融を大幅に引き締め、金利を引き上げることだった。それは米国の不況、失業など犠牲をともなう。それをさけてドルを軟着陸させる唯一の方法は、相手国通貨を政策的に切り上げさせることだ。

  1971.8月 ニクソン声明
  1985.9月 プラザ合意
  1987.10月 ブラック・マンデーがおき、ドル暴落危機に直面、日本に超低
      金利政策をとらせ※、日本の過剰資金をより金利の高い米国に
      流入させ、ドルを安定させた。

 米国は変動相場制に相手をまきこむことで、ドル暴落不安解消の義務を相手国に負わせている。

 だが、中国だけはそのアメリカの戦略にのらない。」

※「10月19日ニューヨーク市場に端を発する世界的株価暴落。その後のドル急落懸念の発生を契機に、日銀の金融調節スタンスは一転した。すなわち10月19日に、年越えで手形の買オペを実施し、年内公定歩合引上げ観測を払拭し、10月26日には澄田総裁が、短期金利低下促進を表明、さらに11月6日には、市場実勢（4.35％）を大きく下まわる4.05％でCDオペを実施。オープン・マーケットのCDレートを4.2％水準にまで低下させた。（CD＝譲渡性預金）

　株価暴落以降、日銀は景気、物価、マネーサプライ等の国内要因よりもより優先度の高い関心事項として、株価と為替レートを位置づけたと見られる。（『財界観測』1988年1月p.10）

◎リーマン・ショック前から中国最上層部が対米関係で腐敗をはなはだしくしていったこと、リーマン・ショック後、中国の超大景気対策で米国に貸しをつくったこと、したがって、中国の現指導部が腐敗対策を最大の政策にせざるをえなくなったこと、etc.

90年代以降2010年代への大変化　　　　　　　　　　　　ノート2012-1

1. 大銀行。債権の証券化、オフショア〔監視はずし〕の導管へうつす。デリバティブ。
　店頭取引→リーマン・ショック、EU危機
　「資本が立脚する生産様式の解体（注1）の形態へ逃げこむ」（マルクス）。

中央銀行はゼロ金利、クズ債券を買い上げ、財政資金により大銀行救済。

(注1)「リーマン・ショック後の処方箋、はっきりした。積極財政、金融緩和、金融機関への公的資金導入の三点セットで経済成長に戻ると、米国では官民あげてそう信じた」(滝田洋一「中央銀行と永遠のゼロ」「日経」2012.7.16)

2. 多国籍企業。雇用空洞化。税収空洞化。人民へ穴埋め転化。

▶カギにぎる問題　オフショア化
▶TNCsも大銀行も国からの規制ができなくなったこと
▶一国資本主義形式＝国家によるブルジョア社会の総括（マルクス）の崩壊がはじまった‼

3. 多国籍企業 (TNCs) の大株主、信託に化ける。

経団連役員企業の大株主（90年と2006年との比較）

4. チューリッヒ・チーム〔スイス連邦工科大〕3700万の会社・投資家を世界的にリストする。　Orbis 2007 Databaseにより

43060 TNCs→1318社　優良会社　グローバル収入の60%
→147 超企業体 "Super entity"、ネットワークの全富の40%支配
…1%以下の会社が全ネットワークの40%支配。

大部分は金融機関TOP 20　バークレイズ、JPモルガン・チェース
ゴールドマン・サックス etc. 含む。

5. 技術革新のスピードの速さ、現存資本価値減少の速さ。

●非株式支配型国際分業生産、ファブレスとファウンドリー

表●世界株式時価ランキング　2015年10月末

順位	社名	時価総額(億ドル)
1	アップル	7607
2	アルファベット(グーグル持株会社)	4985
3	マイクロソフト	4204

「日経」15.11.26　クイックファクトーセットのデータによる

非株式所有型国際生産 (NEM)* とその展開　WIR 2011 第4章　ノート2012-1

＊ Non-Equity Modes of International Production and Development

1) 国境をこえる NEM 活動は世界的にいちじるしく、とくに途上国経済にとって重要、2010年、2兆ドルこえる売上高。

   受託製造サービスの外部調達は1兆～1.3兆ドル。

   営業免許3300～3500億ドル。

   ライセンス〈製品許可〉3400～3600億ドル。

   営業契約、1日1000億ドル。

   ほとんどの場合、NEM はその中心にいる産業よりも早い成長。(Fig. IV .3、p.132。次ページ表〔Table IV .4、p.133〕も参照)　　　（総計で1800万～2100万人）

2) NEM は利益のいちじるしい発展、途上国で約1400万～1600万人労働者を雇用、それらの付加価値は、いくつかの経済では GDP の15% に。それらの世界輸出はいくつかの産業で70~80% に、概して NEM は途上国における生産能力をグローバル価値の鎖の中に入れることにより、強めることができる。

3) NEM はまた、途上国に対してのリスクを、契約生産の雇用を高度に周期的にすることで、簡単に回避してしまう。NEM の付加価値の貢献は、全グローバル価値の鎖から得られた価値という見地からすれば、低いものと見られる。**TNCs は社会的、環境的標準からのがれるために、NEM を利用するという利害関係がある。途上国は低い付加価値活動の中にとじこめられるというリスクを軽減するようにしなければならない。**

● Table IV.4. Key figures of Cross-border NEMs, selected industries, 2010

●受託製造——技術／資本集約的産業（10億ドル 雇用100万人）

	売上げ	付加価値	雇用	途上国での雇用
電機	230〜240	20〜25	1.4〜1.7	1.3〜1.5
自動車	200〜220	60〜70	1.1〜1.4	0.3〜0.4
製薬	20〜30	5〜10	0.1〜0.2	〜0.1

●受託製造——労働集約的産業

衣服	200〜205	40〜45	6.5〜7.0	6.0〜6.5
はきもの	50〜55	10〜15	1.7〜2.0	1.6〜1.8
おもちゃ	10〜15	2〜3	0.4〜0.5	0.4〜0.5

●サービス外部調達

| ITサービスおよび営業過程の外注 | 90〜100 | 50〜60 | 3.0〜3.5 | 2.0〜2.5 |

●営業免許（franchising）

| 小売、ホテル、レストラン、仕出屋、事務営業、その他サービス | 330〜350 | 130〜150 | 3.8〜4.2 | 2.3〜2.5 |

●経営契約（Management contracts）

| ホテル | 15〜20 | 5〜10 | 0.3〜0.4 | 0.1〜0.5 |

	手数料	関連売上げ	関連付加価値
ライセンス Cross industry	17〜18	340〜360	90〜110

資料　UNCTAD推定　データ2010年または利用可能な最新のもの

● ANNEX TABLES IV.1 Top 10 Contract manufacturers, 2009

会社	ホーム	収入 (10億ドル)	主要顧客	グローバル 雇用者（人）	主要 生産基地
Foxconn Hon Hai	台湾	59.3	Apple, Hewlett-Packerd, Dell, Nokia, Sony, Ericsson, Samsung, Microsoft, Intel, Cisco, Nintendo, Amazon	611,000	中国、マレーシア、ベトナム、チェコ
Flextronics	シンガポール	30.9	Alcetel-Lucent, Cisco, Dell, Sony, Ericsson, Hewlett-Packerd, Huawei, Lenovo, Microsoft	160,000	ブラジル、中国、ハンガリー、マレーシア、メキシコ、ポーランド、ウクライナ
Quanta	台湾	25.4	Apple, Compaq, Dell, Hewlett-Packerd, Fujitsu, LG, Siemens, Sony, Gateway, Cisco, Lenovo, Siemens, Sharp, Panasonic	64,719	中国、アメリカ、ドイツ

p.149　Box Ⅳ 4

Nike…33か国、600工場：アルゼンチン、ブラジル、カンボジア、中国、エルサルバドル、インド、インドネシア、メキシコ、スリランカ、タイ、トルコ、ベトナム―80万人労働者

Puma…350工場、大部分途上国、30万人労働者。

バングラディシュ、カンボジア、中国、ベトナムなどでの衣服産業急成長は少なくとも最初の段階は、国際的顧客へむけての受託製造参加。

カンボジアの場合、輸出の95%は、中国、香港、インドネシア、マレーシア、韓国、シンガポール、台湾などの途上国TNCsの外国企業によっている。

p.153、154　グローバルNEMの付加価値はグローバルGDPの1%未満。いくつかの途上国では…フィリピン、IT-BPO活動がGDPの4.8%　90億ドルの輸出収入を生み出している。インドの自動車コンポネント産業は受託協定のもとGDPの2.3%貢献…。

ノート2012-1

1. 高度に爛熟した資本主義にいたった。

    生産的資本はTNCsとなり、グローバル・バリュー・チェーンを押し広げ、マネー資本は、巨大金融資本となりグローバル・ギャンブルを、どちらも、どこからも規制されることがなくなった。

    それらの矛盾の爆発が21世紀リーマン・ショックにはじまる世界経済危機、それにつづくユーロ危機。

2. ソ連が崩壊し、アメリカ帝国主義への一極集中を達成した日、その崩壊がはじまった。

3. 100年の歴史をもつ米、英、仏による中東の不安定弧では、旧帝国主義勢力による支配の数々の要素が残され、かれらの介入があり、また行き先の見えない戦乱がつづく。

4. 東アジアに人口30億人をこえる新興資本主義圏が出現。

    α、 新興諸国（レーニン時代の列強諸国と比べ10倍の人口をもつ）の出現で世界資本主義の資源、エネルギー問題などを大きくしている。

    β、 米日欧のTNCsにとって新たな超過利潤[注1]を生む機会があらわれた。

5. アメリカにとって、3のためにも、4のためにも、海外最大の基地沖縄へオスプレイ配備。

(注1) 武者陵司『新帝国主義論』（ドイツ証券副会長兼チーフ・インベストメント・オフィサー）
　　　地球が一つの『地球帝国』途上国労働力の"不等価交換"により先進国に超過利潤発生——新たな価値創造メカニズム

● WIR 2002 のグローバル・バリュー・チェーン、『経済学をいかに学ぶか』BoxⅢ 多国籍企業の資本の循環。ここに新たな価値創造のメカニズム、かくされている。

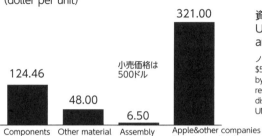

● Box fig.IV.7.1 Breakdown of the Production costs of the i-Phone, 2010 (doller per unit)

資料
UNCTAD, based un Xing and Desert 2010

ノート The remaining $321 of the $500 retail price in accounted for by Apple and other companies' returns to R & A, design distribution and retaining etc. UNCTAD WIR 2011 p.156

これは新たな超過利潤を生む1例

●受託大手、低賃金求め西へ東へ鴻海（ホンハイ、台湾）
　工藤『今日の世界資本主義と「資本論」の視点』2014年　p.56参照

投資受入れ国輸出総額に占める海外子会社の比率　　**WIR 2002**

		%			%			%
中国	1991	17	マレーシア	1985	26	シンガポール	1994	35
	2001	50		1995	45		1999	38
チェコ	1993	15	ハンガリー	1995	58	ポーランド	1998	48
	1998	47		1999	80		2000	56
アルゼンチン	1995	14	メキシコ	1995	15	ブラジル	1995	18
	2000	29		2000	31		2000	28
チリ	1995	16						
	200	28						

80年代にはじまるアメリカ経済危機の予兆、双子の赤字、同時にドル基軸国際通貨体制の危機。

ノート2012.2―2013.1

　ところがこのドル体制、帝国主義的循環により日本円をドル支え役として組みこまれていく。
　日米経済協力を日米経済戦争に転化させる。Post冷戦、米国にとって最大の脅威は日本経済→日本資本主義の諸条件の激変、●再生産条件の侵蝕

(1) G—W—G′ 資本誕生の前提

G(円) — W(Pm1、Pm2、Pm3…、A) …P…W'(円→ドル) — G'(ドル)
　　費用価格　円建て　　　　　　　　　　　　　　　商品価格　ドル建て

● OECD 購買力平価に比べての実勢相場

1988年	63.2%
1995年	50.4%
2000年	67.3%
2011年	74.6%

G=90円、W=100円、G′=50円〜70円の状態が突然現われ、10年も20年もつづいたこと、資本の再生産がなりたたない。

日本企業の円高対応戦略
　①人件費削減、労働強化、人べらし、非正規への転化
　②アジアでの海外生産　人件費日本の1／10ぐらいの国あり。
　　ASEAN、中国…TNCs 的発展へ

(2) 費用価格の多国籍費用価格への転化

　費用価格　　　　$K = \frac{1}{x}Cf + n(Cz + V) \to$
　　　　　　　　　　$\frac{1}{x}Cf + n(Cz + \frac{1}{10}V)$

対米輸出、および対日輸出。　●新しい超過利潤の発生

(3) 価値革命の急性、煩繁は個別資本の存続おびやかす（マルクス）が、かつてない急激さとスケールであらわれた。

通産・経済産業工業統計表↓

(4) 日本の製造業就業者数92年1,116万人から
　　　　　→2010年809万人へ　▲307万人　▲27.5%
　　　うち電気機器193万人(17.3%)→2010年116.5万人(14.4%)
　　▲76万人　▲39.7%

　　　　　　　　　　　　　　　労働力調査による（日経2011.1/10）

グレッグ・スミス『訣別ゴールドマン・サックス』2012.10刊

ノート2012-2、2013-1

p.435「ウォール街の金融機関は世界中のもっとも頭のよいヘッジファンド、オープン型投資信託、年金基金、国富ファンド、そして、一般企業のための売買を扱っている。だから、どこの誰がどの売買のどちら側（買いか売りか）について知っている。カジノの比喩でいえば、テーブルについたゲーム参加者全員の手札が読めてしまう。したがって、ウォール街の金融機関は、自己資金を投資する際には、格段に有利ということになる。」

「賭博ゲームがどこで開催されるのか、本物のカジノなら、いたるところに監視カメラが仕掛けられたフロアだ。ラスベガスの賭博が道徳的な視点から問題があるといっても、カジノが当局の規制を受けているのは事実である。」

「ところが、ウォール街では「賭博」の現場は何一つ記録されず、追跡もされず、だれも監督していない薄暗い一室でなされている。というのも中身が不透明な、店頭売りのデリバティブの場合は、監視カメラは存在しないからだ。

そしてこの薄暗い紫煙にみちた部屋では、顧客を食いものにし、利益相反の状況を悪用する誘惑は極大化する。2008年の世界金融恐慌をもたらしたのも、透明性の欠如であり、そこに発生する誘惑に、金融機関が負けてしまったことだった。」

p.437「現在ウォール街がもっとも激しく抵抗している改革は、不透明なデリバティブと自己勘定取引というもっとも利幅が大きい業務領域に関するものだ。これらの領域はまた金融システムの安定性にとって、最大の脅威でもある。」

「私がこの本で何か一つでも貢献できるとすれば、読者に地元の下院議員、上院議員に電話をかけ次の質問をぶつける勇気を授けることだ。"なぜあなたは21世紀のペコラ委員会を設置するだけの勇気がないのですか？"」

レーニン『帝国主義論』から

4. 資本の輸出
金融資本は世界の直接的分割をもたらした。p.109

5. 資本家団体のあいだでの世界の分割
資本家団体のあいだに世界の経済的分割を基礎として一定の関係が
それとならんで、諸国家のあいだに世界の領土的分割、

> 植民地のための闘争、
> 経済的領土のための闘争、

を基礎として一定の関係が。

6. 列強のあいだでの世界の分割
植民地と
政治的には形式上自立的であるが、金融上、外交上の従属の綱でぐるぐる巻きにされている従属国の種々さまざまな形態。

　レーニンは、資本輸出として、産業資本形態の資本輸出とともに貸付資本形態の資本輸出をあげている。そして金融資本は外国政府に対する借款にはその反対給付がつけられることも——関税を下げろ、わが国の武器を買え etc.

　米国の軍事援助は、軍事的従属の手段であるだけでなく、米軍事産業独占の兵器類を売りつける手段でもある。米国の経済援助は、米国の安全保障上の戦略が反映されるだけでなく、二国間投資保護協定を結ばせること、米企業の直接投資の環境づくりをやらせることなどがその反対給付となっている。
　1960年、米国がドル危機におちいった時期に、他の戦勝国の対外援助のやり方が、英国は英連邦、フランスはもと仏植民地という方向なので、OEECをOECDに改め、そこにDACグループをつくり、西ドイツと日本の対外援助を引き出して、米国の対外援助を補強させるようにしてきた。

BS世界ドキュメント「オリバー・ストーンが語る もう一つのアメリカ史」
2013.6.1　　　　　　　　　　　　　　　　　　　　ノート 2012-2、2013-1

第二次大戦　ドイツ敗北に　ソ連最大の役割

東部400万　西部100万

死者　ソ連　2700万人　米国　45万人

ウォレス　　ルーズベルトの副大統領候補
　∥
トルーマン

●米国防衛省 Defense93　によると

		戦死	その他の死	負傷（生存）
第1次世界大戦	1917.7.4～1918.11	53,402	63,114	204,022
第2次世界大戦	1941.12～46.12	291,557	113,842	671,846
朝鮮戦争	1950.6～1953.7	33,652	3,262	103,284
ベトナム戦争	1964.8～1973.1	47,367	10,802	153,303

世界の外貨準備

IMF〔国際通貨基金〕による　2015年6月末残高　11兆4000億ドル

　　　　　　　　　過去10年で3倍近くふくらむ

米ドル	63.75%	英ポンド	4.69%
ユーロ	20.51%	日本円	3.83%
		その他	7.22%

「日経」15.12.2

●米国の経常収支（10億ドル）

2003年 — 527.5	09年 — 376.5	
04年 — 665.2	10年 — 470.9	
05年 — 729.0	11年 — 459.3	
06年 — 788.1	12年 — 449.7 *	（— 460.7）**
07年 — 781.2	13年 — 376.8 *	（— 400.3）**
08年 — 677.1	14年 — 389.5 *	

＊エコノミスト 2016/12/29、1/5　＊＊エコノミスト 2015/12/30、1/6

C　世界資本主義経済の構造的変化

『今日の世界資本主義と「資本論」の視点』作業中のメモ

ノート 2012-2、2013-1

1. 資本主義的生産の発展　資本の蓄積過程である（内包する）。

   資本の価値増殖の手段、生産諸力の上昇、イノベーション。

   生産方法の不断の改善の法則があらわれる。

   生産諸力の絶対的発展の傾向をおしすすめる。

   資本主義的生産の発展をつらぬく利潤率の低下傾向と利潤総量の増大との平行的進行の法則。

   資本の蓄積過程は、同時に資本主義的生産関係の拡大再生産の過程である。

   ここから、資本主義的生産の基本的な矛盾、生産諸力の絶対的発展傾向と現存資本がその内部で運動しなければならないところの社会的諸関係との矛盾があらわれる。

2. 生産諸力の絶対的発展の結果、今日では

   α　第2次大戦で広島・長崎核兵器による無差別大虐殺が。

   　　第2次大戦争後、米・ソをはじめ、核軍拡競争が。

   β　福島原発災事、使用済み核燃料処分空間がない。

   γ　地球温暖化をはじめ、人類生存の条件、地球環境の破壊進行止められず。

   δ　超高速の技術革新、資本そのものの存続をおびやかすようになった。

   ε　TNCs → グローバル・バリュー・チェーンにより途上国、新興国で超過利潤を生む → 自国の雇用をへらし、労働条件を劣悪にする。

   ζ　生産に科学的性質を与える資本の傾向 → 直接的労働の地位をおし下げてゆく。

3. 資本主義的生産そのものの矛盾から生産停滞が生じ、これを信用制度の追加的発展でのりこえることのくりかえし。

   1930年代の大恐慌の再来防止のため、第2次世界大戦後の IMF 体制が、70年代 IMF 崩壊後に米ドル基軸・変動相場制が、プラザ合意以後、米ドルの帝国主義的循環への日本円の組みこみなどが。

   信用制度は、一方では、産業資本の発展、世界市場の拡大を促進する。もう一方では、貨幣資本、利子生み資本の量的増大、形態変化を促進する。

   実体経済からはなれた貨幣資本の莫大な蓄積が、実体経済を土台にして、その

上部にのるマネー資本経済の無制限な膨張を、それが実体経済を圧迫、ゆがめ、破壊的金融危機にまきこむ。

4. 米、西欧の最大規模銀行がおこした金融バブルの崩壊による金融危機から、これら銀行を救済するため、莫大な公的資金を注入し、各国中央銀行のさまざまな非伝統的金融緩和策がとられてきた。先進国経済は、いよいよ中央銀行頼みを強めていく。

「資本が資本自身を発展のさまたげと感じるようになると、自由競争を抑制することで、資本の支配を完成する形態へ、同時に資本が立脚する生産様式解体の形態へ逃げ道を見出す」(マルクス『経済学批判要綱』ノートⅣ、『草稿集』2 p.409)

「信用制度は、この矛盾の暴力的爆発である恐慌を促進し、そしてそこから古い生産様式の解体の諸要素を促進する。」(第3部第27章、訳Ⅲ a p.765、S.457)

エコノミスト 2016/12/29、1/5

真田幸光　基軸通貨国が享受できるメリットはさまざま

自国企業にとっての為替リスク回避といった点以外に、大きなメリットは国際的な資金の流れを把握できるようになり、必要な場合に差し押えることができる。

世界のモノやサービスの決済を行う金融機関が決済資金の多くを基軸通貨でもつようになり、資金をその通貨の発行国に置くことになる。

その結果、基軸通貨国は、国際的な金融機関の決済資金の動きを把握する権利を得る。

米国、この権利を行使し、国際テロ資金のマネー・ロンダリングをモニターしたり、それを見のがす金融機関に制裁を加え、巨額の罰金を徴収したりする。

レーニン『民族問題ノート』

p.34　編著　近代国家における民族運動の諸形態　1913年　クラクフ

p.36　覚え書　より

5) ウィーンのユダヤ民族主義には先ゆきの見こみがないこと (オーストリアのユダヤ人に関する論文)

6) シオニズムのみじめな破産（シオニズムに関する論文）

p.40 R. アンリ（スイスと言語問題）

p.41 Ed. ブロッハー（スイスの諸民族）

p.42 M. シャッツ（民族問題によせて）　1910年

筆者は地域的原則と非属地的原則との結合を支持〔一般的にまたユダヤ人について〕ユダヤ人問題の章

〔筆者はユダヤ人の属地論者〕

● 1900年のユダヤ人（ルッピンによる）

ロシア帝国	5,082,343 =	総人口の 4.93%
オーストリア	1,224,899 =	〃　　 4.68%
	6,307,242	
その他のヨーロッパ	2,300,758	
Σ（概数）	= 8,608,000	
アメリカ（概数）	1,172,000	
Σ	= 9,780,000	
アジア	⎰ 105,747	
	⎱+ 342,000	
アフリカ	317,044	
オーストラリア	17,033	
	10,561,824	
全世界（概数）	10,456,000	

〔ヘーマン《ユダヤ民族史》599ページ　1908年にも同じ数字〕

p.59　民族問題に関する講演の要綱

7. 民族運動の時代——中世の終りと近代のはじめ、ブルジョア民主主義革命の時代　この時期にはどこにも、いたるところで民族運動がある。

8. 経済的基礎は？　資本主義は国内市場の統合を要求する。市場は商業的連絡の中心である。人間の商業的連絡の主要な用具は言語である。

9. 民族諸州の結集（言語の再興、民族的覚醒 etc.）と民族国家の創建、その経済的必然性。

10. 経済に対する上部構造、民主主義、民族主義。そこから〔民族国家〕がでてくる。

11. 民族国家は世界的定則、

民族国家は、世界史の経験における定則である。文化的民族自治は、お粗末なインテリの思いつきで、どこでも実現されたことがない。

p.65　30(γ)アイルランドについてのマルクスの見解、他民族の自由を抑圧する民族は、自由ではありえない。《NB》

p.100　論文《革命的プロレタリアートと民族自決権》のために　1915、11　ベルン

p.103　当初のテキストのうち、抹消されなかった数ページ。

「マルクスは、1868年、アイルランドのイギリスからの分離を要求した！──いや、マルクスは、分離後ただちにイギリスと連邦をつくる必要をはっきり直接予見した。」

「世界の運命をその手ににぎっている支配的先進的な大国民族の排外主義との闘争という見地こそが、決定的な見地でなければならない。けっして、小国の国民の利益でなしに、資本主義にたいする〔大衆の〕プロレタリアートの革命の利益こそが、被抑圧民族の分離権（＝自決権）を大国の社会主義者が擁護することを要求している。

資本主義が全世界を一つの経済有機体に結合したからには、この闘争は国際的たらざるをえないのである。」

p.116　テーゼ《社会主義革命と民族自決権》のために　1916.1-2月チューリヒ　覚え書

「人類はどのようにして階級の廃絶に到達すべきかということと、どのようにして将来諸民族の融合に到達すべきかということとは、いくらか似かよったところがある。すなわち、階級の廃絶へは、被抑圧階級の執権の過渡的段階をつうじてのみ到達する。諸民族の融合へは、被抑圧民族の解放、民族的抑圧の真の根絶をつうじてのみ到達する。そして、政治的意味でのその真実性の基準は、まさに分離の自由にある。分離の自由は、愚劣な小国分立と民族的疎隔を克服する最上かつ唯一の政治的手段であるが、人類にとって幸いなことに、それらは、資本主義の発展全体にとって制止しがたい力で破壊されつつある。」

p.148　エンゲルス《労働者階級はポーランドについてになすべきか？》

p.149　「1821-23年の民族運動（イタリアとスペイン）、1830年（フランス、ポーランド）、1848年（＋ハンガリー）

▶19世紀における（自決権）

〈実際、どれであれヨーロッパの大きな民族的分岐はすべて、他の者の自由を侵害しないかぎり、隣人の意向にかかわりなく、すべての内部問題を自分で処理する権利をもつということについては、2つの意見はありえなかった。事実、この権利は万人の内的自由の基本条件の一つであった。〉

C　世界資本主義経済の構造的変化

ヨーロッパの大きな民族的分岐のこの政治的独立の権利は、ヨーロッパの民主主義派によって承認されたものではあるが、とりわけ、労働者階級からも同じ承認をうけた。事実、それは、それぞれの国の労働者が自分たちについて要求していたのと同じ権利、独立の民族的生存をいとなむ権利を、疑いのない生活力をもつ他の大きな民族集団にたいしても承認することにほかならなかった。

　しかし、この承認と、これらの民族的願望への同情とは、はっきりと確立されたヨーロッパの大きな歴史的民族のみに限られている。

　そうしたものとしては、イタリア、ポーランド、ドイツ、ハンガリーがあり、フランス、スペイン、イギリス、スカンディナビアは、分割されもせず、外国の支配のもとにもおかれなかったので、この問題には間接的関心しかもたなかった。また、ロシアにいたっては、審判の日に吐き出す〔盗品を返品する〕ことを余儀なくされるであろう膨大の量の贓品の保持者としてあげうるにすぎなかった。〔右端欄外の小見出しとして書入れ、「ロシアは膨大な財産を盗んだ」〕

　ナポレオン3世は、自分の対外政策に見ばえのよい外観をあたえるため〈民族原理〉を提出した。

　この点についてエンゲルスはこう書いている。〈ヨーロッパには同じ政府のもとにさまざまな民族がいないような国はひとつもない──（フランスにおける、ブルターニュ人、イギリスにおける Highland Gales〔スコットランド・高地ゲール人〕（ガリア人?））。

　そればかりか、どの国の国境も民族の境界、言語の自然の境界とは一致しない〉。（ベルギー；ドイツ系のアルザス；ドイツ系のスイス）

　〈ほとんどすべて大きな民族がその本体のいくつかの周縁部分に分かれ、これらの部分がその民族生活から分離されたたいていの場合に　他のなんらかの国民の民族生活にすっかり参加してしまっていて、自分たちの本元の幹に復帰したがらないのは、過去1000年間にヨーロッパがたどってきた　錯綜した　緩慢な　歴史的発展の自然の結果である。〉　（アルザスとスイスのドイツ人、ベルギーのフランス人）

　それに、結局のところ、政治的に確定されたさまざまな民族の大部分が、自己の内部になんらかの外来の要素をもっており、それらの要素が隣人たちとの連接環となって、それがなければあまりにも単調な民族的生活の画一性に変化をあたえるということは、すくなからず利益になることである。

だから、この点にわれわれは、《民族原理》と、ヨーロッパ大民族が別個の、独立の生存をいとなむ権利についての古くからの民族主義派と労働者階級の教義との違いをみとめるのである。《民族原理》は、ヨーロッパの歴史的諸国民が民族的生存をいとなむ権利という大問題にはまったくふれていない。

　民族原理は2種類の問題を提起する；すなわち、まず第1には、これらの大きな歴史的諸国民のあいだの境界の問題。また第2には、諸国民の多数の小さな残片が独立の民族的生存をいとなむ権利にかんする問題である。これらの残片は、長短さまざまな期間　歴史の舞台に姿を現わしたのち、より強大な諸民族、より大きな生活力をもっていたおかげでより大きな障害を克服できた諸民族のどれかひとつにその構成部分として　最後的に吸収されてしまったのである。

　ある国民のヨーロッパ的な重要性、生活力は、民族原理の見地からすれば、何の意義ももたない。この原理からすれば、かつて歴史をもったこともないワラキアのルーマニア人は、2000年の歴史をもち、民族的生活力をそこなわずにもっているイタリア人と同等の重要性をもっており、ウェールズ人やマン島人は、彼らが望むとあらば、ばかげたことであるが、イギリス人と同等の、独立的な政治的生存をいとなむ権利をもっていることになろう。

　こういったことはすべてばかげたことであるが、あさはかな人々の目をくらますために、また、便利なきまり文句として使って、…

p.152　〈民族原理は、ポーランドを滅ぼすためにでっちあげられたロシアの考案物、…ロシア政府の北ノルウェーとスウェーデンのラップ族のあいだに手先たちを巡回させて、これら遊牧の未開人のあいだで《大フィン民族》の思想をあおりたてようとしている。この《大フィン民族》は、ヨーロッパの極北で再興されるべきだというのだが、もちろんそれはロシアの保護の下に再興されるのだ。

　〈実際、民族原理は東ヨーロッパでしか考案されなかった。そこでは、1000年ものあいだにアジア人の侵入の潮がなんどとなくくりかえされており、民族誌学者にもいまなおほとんど解きほぐすことのできない諸民族のまざりあった残骸の堆積を岸辺に残したのであって、トルコ人、フィン系マジャール人、ルーマニア人、ユダヤ人、さらに約1ダースものスラヴ諸部族がはてしない混乱のうちにまじり合って生活している。〉

　ポーランドは、すくなくとも4つの〈民族〉から成っている。（ポーランド人、ベロルシア人；；小ロシア人；リトアニア人）…

p.154　マルクス《遺稿集》第3巻　新ライン新聞から　ケルン6月17日

〈革命化されたドイツは、とりわけ隣接する諸民族にかんして、自己の過去全体と絶縁すべきであった。自己自身の自由を宣言すると同時に、これまでそれが抑圧してきた諸民族の自由を宣言すべきであった。〉

p.224　統計と社会学
p.227　第1章　若干の統計
　1916年に公表された最新のデータ　2つの典拠
1．ドイツのオット・ヒューブナー編　地理統計表
2．イギリスの政治年鑑　The Statesman's Year Bookをよりどころにしよう。

西ヨーロッパの諸国家——ロシアとオーストリアよりも西に位置する17国家——うち5か国　民族構成きわめて純粋。しかし、面積微小。微小国家、ルクセンブルク、モナコ、〔サン〕マリノ、リヒテンシュタイン、アンドラ、人口合わせて31万人。

▶残り12か国のうち7か国　純粋な民族構成——イタリア、オランダ、ポルトガル、スウェーデン、ノルウェー…各国家人口の99％まで1民族。スペイン、デンマーク…人口の96％

▶3か国ほとんど純粋な民族構成——フランス、イギリス、ドイツ。フランス　1.3％ナポレオン3世に併合されたイタリア人。イギリス　アイルランド人、併合された総人口の　1／10

▶ドイツ　異民族分子として——ポーランド人（5.47％）、デンマーク人（0.25％）、エルザス＝ロートリンゲン人の一部。
　全体としてドイツの人口（6490万人）中約500万人が権利不平等に抑圧されている異民族。

▶2か国（小国家）混合した民族構成——スイス　69％ドイツ人、21％フランス人　ここで民族の抑圧をかたることはできない。同権か、完全実施。

▶ベルギー　フラマン人が人口の多数だが、権利不平等状態。——といっても、ポーランド人がドイツで、アイルランド人がイギリスでこうむっている不平等と比べるととるに足りない。

　●オーストリアのK.レントナーと　O.バウアーが流布させた〈多民族国家〉という用語は、この理由でごく限られた意味でしか正しくない。

一方では、このような型の国家の大多数が占める特殊な歴史的地位を忘れない場合、この用語で真の民族同権と民族抑圧との根本的な差異をおおいかくすことを許さない場合にだけ、それは正しい。

p.229 この国家群は、経済的にも政治的にも最も発展した、最も先進的な資本主義国である。文化水準も最も高度。

　この型のすべての基本的標識、経済的（資本主義の高度な、とくに急速な発展）、政治的（代議制度）、文化的、民族的な諸標識は、アメリカ合衆国、日本でも見うけられる。

▶合衆国——人口のわずか11.1％がニグロ（ならびに混血とインディアン）で、これは被抑圧民族にいれるべきもの。

　アメリカで現代への境界線をとくにはっきり引いたのは、1898年の帝国主義的米西戦争（2人の強盗のあいだでの）。

p.230 アメリカでは資本主義のとくに有利な発展条件が存在しており、その発展の結果、この国では非常に大きな民族的差異が世界のどこにも見られないほど急速に、根本的に均らされて、単一のアメリカ民族を形成している。

▶東ヨーロッパの国家群——ロシア、オーストリア、トルコ（地理的にはアジア経済的には〈半植民地〉とみなすほうが正しい）、および6つのバルカン小国家——ルーマニア、ブルガリア、ギリシャ、セルビア、モンテネグロ、アルバニア—は、はじめから前述の国家群とは根本的に異なった姿をみせる。

　純粋な民族構成をもった国家は1つもない！

　民族国家とよべるのは、バルカンの諸小国家だけである。ただし、それらの国でも異民族が5〜10％占めていること、膨大な数（その民族の人口総数とくらべて）のルーマニア人とセルビア人が〈自〉国の国境外に住んでいること、一般にバルカンでは、ブルジョア民族国家の方向をめざす（国家建設）は、1911—12年の、いわば〈きのうの〉戦争によってさえ終了しなかったことを忘れてはならない。スペイン、スウェーデン etc. のような民族国家は、バルカンの諸小国家のなかには1つもない。

　また東ヨーロッパの大国家についてみれば、3国全部をつうじて〈自〉民族—そのうえ主要な民族—の人口比率は43％にすぎない。これら3大国家のいずれにおいても、人口の半数以上、57％が他民族人口に属している。西ヨーロッパ国家群と　東ヨーロッパ国家群との差異は、統計上　次の点にあらわれている。

第1の国家群には、総人口の2億3100万をこえる10の純粋な、またはほとんど純粋な民族国家がある。1150万人の人口をもつ2つの国家だけ民族的に多様な構成をもっているが、民族的抑圧はなく、憲法上および事実上民族の同権が実施されている。

　第2の国家群には、人口2300万を数える6つのほとんど純粋な国家と、2億4900万の人口を数え、「多様な」あるいは「混合的な」民族構成を持つ3つの国家とがある。後者には民族同権はない。全体としてみて異民族人口（それぞれの国家の主要民族に属しない人口）の比率は、西ヨーロッパで6％、合衆国、日本を加えれば7％、他方、東ヨーロッパではこの比率は53％。

スティグリッツの"現代資本主義の分析"『フリーフォール　グローバル経済はどこまで落ちるのか』2010.2

ノート2011-1

p.268〜　"世界経済の6つの課題"

(1) 満たされることのない膨大な需要が存在する世界にあって、生産能力は十分に引き出されていない。世界で2億4000万人の人が失業状態、数十億人の人も、自分の潜在能力を開花させるだけ教育をうけていない。

(2) 環境面での難題──気候変動がつきつける問題。

(3) いわゆる世界的規模の不均衡──たとえばアメリカでは国の債務がまもなくGDPの70％に達しつつある。

(4) "製造業の難問"製造業──20世紀のヨーロッパ、北アメリカの中産階級社会の支柱だったが、この数十年間、生産性向上で成功を収めたことで、製造業部門が成長しても雇用は減少しつつあり、このパターンはなおつづく。

(5) 不平等、グローバル化は世界の均衡と富の分配に複雑な効果を──今でも一日1ドル未満でくらしている人々が10億人以上。

(6) 安定性にかかわる──①不安定さを増す金融が問題をどんどん大きくしてゆく。②イノベーションのうち、労働力の節約に向けられる割合は多すぎ、天然資源の節約や環境保護に向けられる割合は少なすぎる。労働の節約に大いに成功してきたからこそ世界の大部分で失業率が高止まりするという問題が生じている。しかし天然資源の節約には失敗してきたので環境崩壊の危険を冒している。

D 中東・アフリカ問題

タミム・アンサーリー著『イスラームから見た「世界史」』

※この著作に関する記述は本書 205 ページ、1 行目まで続く　　　(2011.8 刊　紀伊國屋書店)

第13章　改革運動(1737～1918)
▶イスラームの改革と復興への三つのアプローチ

p.455　1700年ごろから中世後期ローマ・カトリックが官僚主義化したのと同じように諸々のイスラム宗教制度も官僚主義化。

> しかしヨーロッパの宗教改革のムスリム版は出現せず、ヨーロッパと同じ現象はおきず、イスラーム世界に個人主義という思潮の出現なし、(ある意味でイランを除き) 宗教とナショナリズムとの結合も、教会と国家との分離も、世界を世俗的な領域と宗教的な領域とに分離することも、啓蒙主義、リベラリズムの発達、民主主義革命や科学革命や、産業革命も起こることはなかった。

p.458　イスラームは、誕生してまもない頃からムスリムの政治的、軍事的成功を、その教義の正しさを裏づける証拠に位置づけた。

やがて、モンゴルにより徹底的に蹂躙されると、ムスリムの神学者は、それまで自明の理とした前提の再検討をよぎなくされた。

その過程で、シリアの神学者イブン・タイミーヤのような改革者が続々と出現した。

モンゴルは、ムスリムより強力な殺傷能力もったが、イデオロギーに類するものを何らもたず、かれらは自発的にイスラームに改宗した。

> イスラームは、かつてペルシア人を、ついでトルコ人を吸収したのと同じように、モンゴルを吸収してしまった。

p.460　18世紀末にはムスリムは、ベンガルからイスタンブルまでのいたるところで自分たちが征服されていることを思い知った。

p.461　かつてモンゴルの災いに見舞われたのち生じた疑問が、またしても芽生えた。もし、ムスリムのはなばなしい勢力拡大が、啓示の真なることの証であるのなら、新手の外国勢にムスリムが無力であるという事実は、イスラームの信仰に関して何を意味するか？　と。

この疑問から、イスラーム復興運動はムスリムの勢力回復という意識と結びついた。どうすればムスリムを、原初の黄金時代にマディーナで栄えた共同体を完成させ、全世界に広める運動にできるか。

p.462 さまざまな改革者の出現 三つに分類

Ⅰ 変わらなければならないのはイスラームでなくムスリム、西洋の影響を排して、原初の純正な形のイスラーム復活させること。

　　ワッハーブ→サウジアラビア←米国に軍事的に従属

Ⅱ ムスリムは迷信を一掃し魔物を信じるような考え方をやめ、科学や世俗的活動と両立しえる倫理体系としてイスラームを見直すことにより信仰を西洋式に近代化しよう。

　　アフマド──世俗的近代主義の流れ

Ⅲ イスラームは真の宗教であると断言しつつ、特定の分野ではムスリムが西洋から学ぶべきものがあることを認める。科学はムスリムの信条と両立するもの、近代化は西洋化と同義ではない。　　アフガーニー

p.463 サウード‐ワッハーブ同盟──原初のイスラームへの回帰

▶イブン・タイミーヤの著作→ワッハーブ（1703生）

ワッハーブは仲間のベドウィンからの同志と共に各地の霊廟や聖跡を破壊、それは偶像崇拝だから、と。第二次大戦中、米国が中東で最初に築いた拠点がワッハーブのサウジ。ディルイーヤというオアシスの町で地元の支配者イブン・サウードに迎えられる。

●二人の盟約、その後数十年で、アラビア半島の全ベドウィン部族を統一した。

p.465 同盟軍は、服従を拒む部族に対して、改宗せよ！　と三回さけび、無視されると奴らを殺せと攻撃。

p.467 1802年カルバラーを攻略。ここはシーア派信仰の中心地。ワッハーブは、シーア派を純正イスラームを堕落させた者のリストの上位にあげた。2000人のシーア派

住民を殺害した。

　1811年同盟軍の狙いはオスマン帝国の心臓部の小アジア。スルタンはエジプト総督ムハンマド・アリーに援軍要請。1815年サウード・ワッハーブ同盟軍を撃破し、オスマン帝国の手にマッカとマディーナ支配権をとりもどし聖地を開設した。

　その後一世紀、サウード・ワッハーブ同盟は消滅したわけではなかった。

> (a) **p.470** ワッハーブ…「法」はすべてクルアーンに示されている。スンナ、すなわちハディースをつうじて明らかにされたムハンマドの言行が「法」の解説書。クルアーンが規定しているのは人間の行動を導く原理ではなくて、ムスリムが実践すべき具体的行動である。
>
> 　一人一人のムスリムが義務の中にジハード、すなわちイスラームの敵を征伐する戦闘に参加することを加えた。
>
> 　ジハードは、礼拝、断食、喜捨、巡礼、「神は唯一である」との信仰告白とならぶ信徒の義務の一つ。

サイイド・アフマド——世俗的近代主義

p.477 ムスリムは天国と地獄にまつわる強迫観念や神が超自然的に歴史に介入するという考え方をやめ、イスラームの信仰を一つの倫理体系として再考すべきだ。

　毎日何時間もクルアーンをアラビア語で朗誦したり、きまった衣服をつけたり、定められた礼拝など無用。

　よきムスリムとは、ウソをつく、人をだます、盗む、殺す etc. をやらない……おのれの共同体において責任をもって行動する者、尊びや博愛や寛容を実践する者たちのことと説く。

　イギリスから帰国後、アフマドは「イスラーム世界のケンブリッジ」への発展を期待して、科学協会を母体にカレッジをつくった**(1875)**。

　カリキュラムには宗教学、伝統的イスラーム法学のほか物理学、化学、生物学 etc. も。

p.479 共通する流れ　イランではカージャール朝のシャーに仕える宰相がダール・アル＝フォヌーンとよばれる近代的高等教育機関を創設。自然科学の全分野、文学、西洋哲学など幅広く教授し、卒業生は、イランに近代主義の種をまいた。

アフガーニー ——イスラーム主義者の近代主義

p.480 今日ムスリム諸国の政府の多くはアフガニーニーを高く評価。ところが彼の生前には、いずれの政府も彼を厄介者として国外に追放した。

　18歳ごろインドで反英抗争、イギリスの残虐な報復行為を目撃、アフガーニーは、終生イギリス人への憎悪とヨーロッパの植民地支配への反感を抱く。

　アフガニスタン、エジプト、インド、パリの地で教鞭をとり、英語、ペルシア語、アラビア語、ウルドゥー語、フランス語で論説を書く。

　——イスラームはその核心において、合理的な宗教であり、かつて科学革命の先駆をなしていたという思想を展開。

　イスラーム世界で科学の進歩を妨げたのはウラマーと専制君主だと糾弾。キリスト教も含めほかの宗教共同体の聖職者と専制君主も同罪であると。

(b)　アフガーニーは今日汎イスラーム主義と称される信条の核心部分を確立した。——現状、イランとロシアがアゼルバイジャンをめぐり、オスマンとロシアがクリミアをめぐり、エジプトと英国が銀行の融資をめぐり、アルジェリアとフランスが穀物の取引をめぐり局地的な闘争を繰り広げているが、——その実相は、別個の闘争ではなく、一つの大きな問題をめぐってイスラームと西洋という二つの地球規模の存在がくりひろげている大きな闘争である、と。アフガーニーは、史上はじめて、イスラームと西洋という二つのコトバを同格のカテゴリーとして——歴史的に対立するカテゴリーとして用いた。

ウズベキスタンへ行き、帝政ロシア政府と交渉し、クルアーン出版の許可をえた。イスラーム文献の翻訳、出版を。中央アジアでイスラーム復興。

(c) アフガーニーの構想、ムスリム諸国が自力で独立するには、ロシアと提携して、英勢に対抗し、ドイツと提携してロシア勢に対抗。英仏と提携して、ロシア勢に対抗するように——ヨーロッパ諸国間の矛盾（ライバル意識）を利用せよ。——かかる構想は20世紀における国際的な"非同盟運動"の中核的戦略として現出するようになった。

◎「イスラーム改革、復興の三つの流れ」から私の思いついたこと：

A ▶ 復古主義とイスラームの敵とたたかうジハード
　ワッハーブ、今日この流れが。

B ▶ イスラーム、本来合理的宗教、かつて科学革命の先駆をなした。それをさまたげたのはウラマーと専制君主。

C ▶ '利用矛盾'、毛沢東思想のもとがみられるようだ。
　筆者は非同盟運動の思想があるというが、独立を奪われた諸民族が帝国主義とたたかうとき。

p.488 アフガーニー、——イランで英はタバコ原料——販売の全分野の独占的支配を手に入れる——に対しボイコットよびかける。

これは、後にさまざまな地域で、さまざまな活動家が利用、その中にはインド、マハートマ・ガンディー（1869〜1948）も。

● アフガーニーは、ムスリムを弱体化させたのは、西洋の教育制度や社会慣習を信奉する一方で、西洋の科学に背を向けたこと、ムスリムはその正反対のことすべきだったと主張。

● アフガーニーのイスラーム世界へ及ぼした影響きわめて大。それは彼の「弟子」のなせる業だった。

● エジプト…弟子のアブドゥは、アズハル大学学長になり、エジプト屈指の宗教学者になった。彼が主宰した雑誌、全イスラーム世界で立憲運動、「国民国家」建設。
　弟子のザグルールは、ワフド党を結成。民族主義政党に発展。

● スーダン…弟子のアフマド、イギリスに抵抗。

- イラン…タバコ・ボイコット運動で一群の活動家が生まれ、20世紀の立憲運動を推進。
- アフガニスタン……アフガーニーから感銘をうけたタルズィーの薫陶うけた王子アマーノッラーは、近代主義王となり、イギリスから完全独立を達成。
- シリア……アブドゥの弟子シリア人神学者ラシード・リダーは、イスラムを国家の基礎にすえる理論を練り上げた。
- アフガーニーの知的子孫、ハッサン・アル・バンナー（1906〜49）
  ムスリム同胞団を創設。

第14章　産業、憲法、ナショナリズム（1750〜1918）

p.500 オスマン帝国の社会、製造業はギルドに牛耳られてきた。ギルドはスーフィー教団と、スーフィー教団は帝国の行政機構や社会制度と、社会制度は一人一人にさまざまな部族的紐帯をもつ事実と密接に結びつくとともに、さらに社会制度では公的領域は男性のみに属し、女性は政治や生産から離して私的な領域に隔離すべきという社会通念から成り立った。

p.501 イスラーム世界では、男性―公的領域、女性―私的領域、を画する分離慣行のため、家内工業からマニュファクチャへの移行は、深刻な問題、社会的混乱を起こした。

p.502 工場がギルドにとって代わると製造業とスーフィー教団の結びが断たれ、宗教心と労働の結びつきも断たれ……

　工場時代がきざむ時間――一日五回の礼拝は太陽の位置によってその時刻が決められていた。〔生産活動と宗教実践との齟齬〕

　産業化は、部族への忠誠を何よりも優先する諸氏族の結びつき、それらのネットワークとしての社会のあり方を見直して、独立した個人の集団としての社会に生まれ変わるよう要求した。

〈イランの立憲運動〉

p.505 立憲主義がイランへ

p.507 イランでは、世俗的近代主義を奉ずる知識階級の出現に伴い、人々はモンテスキュー、コントなどを貪り読んだ。

アフガーニーのタバコ・ボイコット運動→世俗的近代主義者の憤り、国王はイギリスへの独占的タバコ利権譲渡を撤回。

1906年、王の権利を制限する憲法。国民議会の設置。

1908年、王のアリー・シャーは反革命クーデターを断行し、国会議事堂を砲撃した。

p.509 イランは実質的に一種の国民国家に（ネーション・ステート）になっていた。

インドでは、ナショナリズムがアリーガルの近代化運動を、最終的にパキスタン誕生させる民族主義的運動に。

だが、ナショナリズムが本当に普及したのは、オスマン帝国とかつてのオスマン帝国領だった。

▶ドイツではナポレオン三世を挑発したプロイセンのビスマルクがアルザスとロレーヌの大半をフランスから奪取。

▶ワーグナーはドイツの民族主義的な情熱を壮大なオペラに。

▶イタリアでは革命家マッツィーニ（1805～72）は個人よりも祖国を優先すべきと主張。

p.515 19世紀後半ナショナリズム、統一されたイタリア王国（1861）とドイツ帝国（1871）を誕生させた。東欧では、何ら共通点もたぬ数多くの共同体がオスマン帝国とオーストリア・ハンガリー二重帝国（1867－1918）の併存と混沌。

●ナショナリズムは東方に広まり、イスラーム世界の中核地域に侵入していく。

日本　吉田松陰　明治維新、ナポレオンのごとくたたかえ‼

p.517 ヨーロッパで成熟し、世界史的重大な意味をもつもう1つのナショナリズムシオニズム。

ヨーロッパのナショナリズムと決定的に違い、イタリア人、ドイツ人、セルビア人らは、彼らが居住している土地に国民国家を主張。

ユダヤ人はいかなる領土もたず、2000年にわたり世界中に離散し、……

ユダヤ教、神が原初のヘブライ人——アブラハムとその部族の子孫——に、唯一の神だけを礼拝し戒律を守ることを条件にカナンの地を与えると約束したと主張する。1897年テオドール・ヘルツル（1860~1904）というオーストリアのジャーナリストが第1回シオニスト会議、世界シオニスト機構創設。

（マルクス1883年3月死去、エンゲルス1895年8月死去）

p.520　オスマン帝国のタンズィマート改革。

　1838　オスマン帝、英とのバルタ・リマヌ通商条約〔英オスマン通商条約〕、不平等条約。

p.525　1876.12　オスマン帝国憲法発布。——"東洋のフランス革命と広くたたえられた"。

p.530　1908年「青年トルコ人」と自称するグループ、専制君主に憲法を復活させ、スルタンを名目上の元首に引き下ろすことに成功した。

p.532　トルコ・ナショナリズムに目覚めた人々は、アナトリアと民族父祖の地中央アジアの領土統一——ボスポラス海峡からカザフスタンまでの国民国家を夢見た。

p.536　オスマンは、ロシアとの国境近くアルメニア人「移住させる」強制移住令。1915年早々からの暴力行為——アルメニア人という民族を絶滅させることを意図した組織的行動のはじまり、主導したのはタラート・パシャ、エンヴェル・パシャと、統一進歩団の指導者もかかわった。

　意図的なジェノサイド（集団殺害）——国連のジェノサイド条約によればジェノサイドとは「国民的、人種的、民族的または宗教的集団の全部または一部を破壊する意図をもっておこなわれる殺害等の行為を意味する。」

※国連加盟国191か国中56か国（29%）、ジェノサイド条約を批准していない。先進国では日本だけ！アジアでは1965.9.30後のインドネシア共産党員大虐殺（50万～100万人）のインドネシアと、軍のクーデターつづきのタイだけ。

p.538　英の画策、オスマン帝国のアラブ属州のいたるところで反乱の気運。

▶二つの一族が傑出

- ワッハーブ派の宗教指導者と連携しているイブン・サウードの一族、
　　…支配領域、縮小し、アラビア半島中央部のベドウィンの一部族国家。
- もう一つ、イスラームの精神的中心たるマッカを支配ハーシム家。
　　…イスラームの聖なるカアバ神殿管理。

p.540　英、ハーシム家家長フサイン・イブン・アリーに陸軍情報将校ロレンス〔「アラビアのロレンス」〕を送る。

　結局ハーシム家がイギリス支援することに。

同じ時、英のマーク・サイクスと仏のフランソワ・ジョルジュ＝ピコという外交官、地図と鉛筆を手に会合していた。

以下、英の三枚舌外交。おもしろく書いてある。

p.545　第15章　世俗的近代主義の隆盛（1918〜1939）

▶トルコのアタテュルク路線のひろがり→イラン→アフガニスタン

- トルコ人、アナトリア各地でレジスタンス運動
- ムスタファ・ケマル――のちにアタテュルク――「父なるトルコ人」
- 1923　トルコ共和国――世俗国家と規定。政教分離を国是とした最初の国。イスラームを公的領域から排除して――以下の原理を。

  民族主義、世俗主義、改革主義、国家主義、人民主義、共和主義
- 第一次大戦後のイスラーム世界全域にひろがった（通常は最初の4つの主義が）。トルコ語、これまでのアラビア文字→ラテン文字にきりかえた。

トルコにおけるウラマーの権威粉砕し、世俗的な手法で社会を管理運営する制度

p.548　女性に公的領域を開放、投票権、公職、財産所有、一夫多妻の禁止、ヴェールやスカーフの着用禁止。トルコ帽禁止、ターバン、あごひげも非難、山高帽、野球帽、ベレー帽はOK。カリフ制廃止、宗教学校閉鎖、スーフィー教団集会場の閉鎖、慈善制度のワクフも廃止し、国からの社会福祉制度に。

- **p.550**　ロシアではレーニン政権
- 英は、イランへの波及おそれ、あるイラン将校がカージャール朝打倒するようにかじをとった。
- レザー・ハーン陸軍大佐、彼は民主主義をみとめず、しかしアタテュルク型内政改革を。
- **p.551**　アフガニスタンでも同様の事態が。

p.552　要するに1920年代には世俗的近代主義がイスラーム世界で全盛。

▶ワッハーブ主義の復活

p.555　北インド地方都市デーオバンドに宗教学院たてる。50年以上にわたり、卒

業生、インド亜大陸全域で活動。

　1920年代後半、デーオバンド派の説教師がアフガニスタンにワッハーブ主義の、小さな灯をともした。

　第3次イギリス、アフガニスタン戦（1919年）結着つかなかったが、アマーノッラーは英との交渉で独立かちとる。

　彼は現実にはアタテュルク路線の改革に着手し、デーオバンド派を裏切った、──インドのワッハーブ派はアマーノッラーの打倒を心に誓う。

p.557 英は反アマーノッラー・キャンペンのデーオバンド派に資金と火器を提供。1929年アマーノッラーを亡命へ、と追いやる。

　…原始的な山賊の頭領がアフガニスタン首都を占領した。

　アマーノッラー改革すべてを廃止（後のタリバンのように）。

英は、英に従順な人物を王位につかせる。ナーディル・シャー。
●世俗的近代主義と、トルコのアタテュルク路線。
●イスラーム主義者の近代主義とアフガーニーの流れ、ムスリム同胞団。

ムスリム同胞団

アフガーニーの流れ…イスラーム主義者の近代主義

　一番弟子のムハンマド・アブドゥが発展させた。エジプト1000年の歴史をアズハル大学で教鞭、理論にまとめる。

　　●ラシード・リダー

　　●ハサン・アル・バンナー　1928年ムスリム同胞団創設

当初はボーイ・スカウトのムスリム版のような組織。
1930年代半ば、大人の親ぼく団体に→その後、政治結社に。

p.560 かれらの運動、世俗的なイスラームと西洋化したエジプト人エリートを祖国の主たる敵として位置づけた。

● シリアやリビアやエジプトのように分離した小国が主権を求めるにすぎないナショナリズムにも反対。単一の超国家的ウンマを復活させ、全ムスリムの統一体現の新カリフ制を築こう、と。

● アフガーニーと同様に、西洋化ぬきの汎イスラーム的近代化を説いた。

- 西洋化と産業化によりエジプトの都市下層民増大→ムスリム同胞団の政治運動→下層民の反乱へ。

p.561 1930年代半ばすぎるとイスラーム世界の世俗的政治指導者たちは、二つの勢力——欧帝国主義列強上から、反体制派下から、——の板ばさみに。
宗教に代わるものとして二つの旗印

① 開発のもたらす物質的繁栄

② ナショナリズム

> 厄介なのは新たに現われた国民国家のほとんど、人工的につくられた国。
> アフガニスタン…ロシアと英がなが年かけて。
> イラン…最近まで異質の地域ゆるやかに結びついた帝国。
> トルコ…そうなったのはアタテュルクがそう宣言したから。

p.562 第1次大戦後パリ講和会議。

米ウイルソン大統領、新しい世界秩序14カ条—植民地支配されていた人々を鼓舞した。

あらゆる民族の自治権尊重され、承認されること。

国際的問題解決のため中立的立場の"国際連盟"つくること。

→ヴェルサイユ条約

> ところが、米国国際連盟加盟拒否。ヨーロッパ戦勝国、自国の国益追求の道具にかえた。α サイクス、ピコ協定
> β 戦敗国旧植民地の統治、いくつかの国に委任して監督するという委任統治制度を定めた　国際連盟規約22条、これら地域を「近代世界の激甚なる生存競争状態のもとではいまだ自立できずにいる人民が居住している」土地と位置づけ
> 「当該人民の復興後は、資源、経験、または地理的位置により、この責任をひきうけるのに最も適した先進国に委任されるべきである」と規定。

英の三枚舌外交、第2次大戦後まで米、英によるその継承。

p.564 とくにイスラエル植民地主義をすえたこと、今日の混乱、自爆テロ、難民、

国家不全のひろがりに。

- 仏、シリアを委任統治領。
- 英、「中東」のその他の地域ほとんど総て獲得。
- 仏が分割してシリアとレバノンに…レバノンはマロン派キリスト教徒多数派占めるよう（仏の特別なクライアント）国境線を引く人工的な国。
- 英のクライアント、アラブ反乱のハーシム家の三男ファイサル…旧オスマンの三つの属州まとめイラクをつくり国王に。英委任統治領からもう一つ国つくって、兄アブドゥッラーにヨルダンを（のちヨルダン国王）。
- もう一人のクライアント、イブン・サウード（ワッハーブ派宗教指導者と同盟）…1924年マッカをおそい、この聖地奪い、ハーシム家家長を追放。アラビア半島の80％占領。イエメン、オマーン、湾岸地帯のいくつかの小さな首長国だけがイブン・サウードの支配を免れることできた。欧列強が彼を阻止する手立てを講じなかったのは、彼もある借用証書をにぎっていたから。こうして1932年サウディアラビア王国が生まれた。
- 英、エジプト王国には主権国家を認めた、1922年。
  付帯条件1．エジプト国民は政体変えてはならない。2．王朝変えてはならない。3．英軍駐留。4．スエズ運河を英にまかせる。5．英仏監督の私企業がスエズ運河の通航料すべて徴収し、ヨーロッパに送る。
  エジプト議会の決定はカイロの英当局の承認をうること。→エジプト国民は本格的に独立運動を展開。

> 中東は大英帝国の戦時上の中心、インド支配の中心、イスラムの聖地を守るイブン・サウードは英にとって重要な意味があった。英が支配するインドには世界のどの国より多数のイスラム教徒が住んでいた。英が解決に苦慮しているパレスチナ問題でも重要な役割果たせるはず。
> 　（ダニエル・ヤーギン『石油の世紀』上　p.650）

p.566 バアス党創設

シリアでは…ソルボンヌで学んだアラブ人キリスト教徒ミシェル・アフラク（1910-89）…汎アラブ民族主義を。
- 「アラブ民族」にはアラブ人によって統治され一つにまとまった国土単一国家をもつ権利ありと主張。
- アフラクは自身東方正教会キリスト教徒、だがアラブ民族主義の中心にイスラームをすえた。（歴史的遺産としての）
- 世俗的近代主義者のアフラク1940年代バアス党（アラブ復興党）創設。

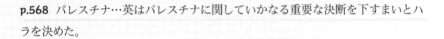

p.568　パレスチナ…英はパレスチナに関していかなる重要な決断を下すまいとハラを決めた。

▶石油の時代へ

p.571　イランでは、イギリス投資家ウィリアム・ダーシーがイランの石油利権を1909年、英のアングロ・ペルシアン石油（今日のBP）に売り払っていた。

　アングロ・ペルシアンとロイヤル・ダッチシェルとドイツ資本（戦後にフランスが持株）が提携してトルコ石油設立、オスマン帝領内で油田発見もくろむ。イギリスはイラクをつくり、ハーシム家の一人を国王に、イラクの石油資源に関する独占的な利権を獲得。

◎アングロ・ペルシア／フランス石油／米近東開発（ニュージャージー・ソコニー）のレッドライン協定のことを書いてない。
第2次大戦中、米は同盟国の軍事行動の全石油をほぼ供給していた（『石油の世紀』上p.648）。
第2次大戦中ルーズベルトとイブン・サウード会合、公の成文化なし。この取決めは米がサウディアラビアの石油を自由に利用する権力を保証、引き替えにサウード家の王族、権力守るための必要だけ米の兵器と軍事技術を入手できることとした。米、間接的にワッハーブ派の宗教指導者と提携することになり、米の軍事力はワッハーブ派の改革運動のうしろ盾となった。※1944米・英の中東石油分割協定。

> 1943.2 ソーカル、テキサコ、カソック3社長、国務省に政府がサウジに経済援助を与えるよう求めた。イキス〈戦時石油管理局長〉→ルーズベルトに英はカソックを犠牲にしてこの油田入手しようとしていると、ルーズベルト、1943.2.18 イブン・サウードに武器貸与法による援助決定。

第16章　近代化の危機(1939〜1966)

p.574 ▶民族解放運動　脱植民地化と国民国家の現実

冷戦の二極構造の下、しかし、第2次大戦中、世界史的大事件としてイスラーム物語り、植民地支配に対し世界のいたるところで民族解放運動が勃興。
- エジプト…軍の将校反乱画策。
- 中国…毛沢東、共産軍。
- ベトナム…ホー・チ・ミンがヴェトミン（ベトナム独立同盟会）結成し、…。
- インドネシア…スカルノがオランダからの独立宣言。

ムスリム諸国も非ムスリム諸国も何の変わるところない民族解放闘争を展開。

> 第2次大戦後100の国が生まれたが、中国共産党、ベトナム共産党の勝利、インドの独立、アジアでの民族解放の飛躍的前進と、輝かしいエジプト革命、アルジェリア解放。にもかかわらず、中東、アフリカでは、米、英、仏の分断策の継続が今日にいたっている。
>
> 1945ヤルタ会談後ルーズベルトとイブン・サウード、艦上の会談。
> イブン・サウード、中東地域通して英の影響、脅威となる影響に米国がバランスをとる力になることを望んだ。→米国、1956英、仏、イスラエルのスエズ運河軍事支配にstopかけさせる。

サハラ以南アフリカ
　ベルギー領土→コンゴ（のちにザイール→コンゴ民主共和国〈1997〉）。
　ドイツ領→カメルーン。
　英領東アフリカ→ケニア。
　ナイジェリア…500をこえる言語をはなす200以上のエスニック集団。

p.575 北アフリカでの独立を志した人々は、アルジェリア、チュニジア、リビアという国の分立した現実を受け入れたものの、それぞれ独自に祖国解放運動。

インド亜大陸では、第二次大戦以前からの祖国解放の運動の中から、もう一つの民族運動——少数派のムスリム独自の国家求める運動が。

> 1947.8.15　独立国インド、同時に独立国パキスタンが東と西に。
> カシミールではムスリム人口圧倒的に多かったが、ヒンズー教徒の藩主がインドへの帰属表明したため、戦闘に。

p.576 1945〜75年100ほどの国が誕生した。

不幸なことにナショナリズムのイデオロギーと国民国家主義の現実は、せいぜいほぼ一致したというにすぎなかった。

国家とされたものの多くは国土の中に小さな国家を内包し、分離、独立や自治を求める少数派エスニック集団を抑圧した。

シリア、イラク、トルコ国境地帯では、クルド人の居住する土地の国境線が三分割された。クルド語は、アラビア語でもトルコ語でもなく、ペルシア語系の言語。

---

p.577 アラブ人居住地域のいたるところで、民族主義者は、リビア、チュニジア、シリア、エジプト含めて分立したアラブ人国家を統合すべく闘ったが、つねに疑問が。どの集団がより大きな集団的な「自己」なのか。地図上のシリアは、ヨーロッパ人がつくったが、シリア国民はあるのか？
ヨルダン人のナショナリズムはあるのか？

---

p.577〜578 ナショナリズムと国民国家主義の言語の主張がせめぎ合う地域の中で最も問題が多かったのが、パレスチナ、まもなくイスラエルとよばれる地域。

> ナチス…フランスのかいらい政権ヴィシー政権、イギリスも反ユダヤ主義に加担。
> スペイン、ベルギーも。
> …数百万ものユダヤ人ヨーロッパで非業の死。
> アメリカ…ユダヤ移民割当て受入れきびしく。
> 　　　　→ユダヤ難民が上陸できた土地の一つパレスチナ——ユダヤ側のストーリー。

p.579 アラブ側のストーリーは、ユダヤ人側の筋書きとまったく異なる。

194　Ｄ　中東・アフリカ問題

アラブ人は長いあいだ他民族の二重の支配のもとに、まずトルコ人に、トルコ人のボスであるヨーロッパ人に、支配されてきた。

第1次大戦が終わると、ウイルソン14カ条平和原則で喚起された希望のうずの中で、アラブ人の土地にヨーロッパから入植者が殺到した。かれらのスローガンは「国のない民へ、民のない国を」というもの。

ヨーロッパからの移住者、土地を買って入植した。不在地主から買ったので、土地をもたない小作農のあいだで暮らすことに。

かつてアルジェリアの出来事に似ている。フランス人移住者はアルジェリアの土地の大半買い上げ、先住民を時代遅れの存在にしてしまった。

p.580　1862年シオニズム先覚者ドイツのモーゼズ・ヘス（1812〜75）「中東の心臓部にユダヤ人が建設する国家は、西洋帝国主義の利益に奉仕するとともに、おくれた東洋に西洋文明を導入する、たすけになる」と主張。

アラブ人は、シオニスト運動を形を変えたヨーロッパの植民地主義とみなしていた。

1936年パレスチナアラブ人、ストライキや暴動、英当局はユダヤ人のパレスチナ移住制限命令。（1939年第二次大戦直前）

入植希望者は武装組織結成。1946年、ユダヤ人地下組織ハガナが、エルサレムのダビデ王ホテルを爆破し、91人市民が犠牲に……1988リビアのテロリスト、スコットランド上空でパンナム103便爆破270名殺害までは、テロとして最も破壊的。

p.582　国連、係争地域を分割して二つの国家をつくる勧告案を提示

案では二つの国家の領土面積ほぼ等しく、エルサレムは独立した国際都市としていずれにも帰属しない。アラブ側は、ヨーロッパ人がヨーロッパ人に犯した犯罪の賠償としてアラブ人の土地を犠牲にするものと反発。

1948年の戦争で70万人のアラブ人、家、国家うしない難民に。

p.585　悪いことに一人のアラブ人名士、ナチスの反ユダヤ主義かかげる。大戦中はナチス支配下のドイツに亡命し、今やラジオなどで弁じる。アラブの大義、ナチズムと同一視された？

p.588　1956年ナセルは、エジプト軍に運河地帯襲撃させ占領、国有化宣言。その後の11年、ナセルは植民地解放の英雄、アラブ統一の預言者、「イスラム社会主義」の化身だった。

　ソ連からの援助をうけ、アスワン・ハイ・ダム建設、エジプト電化。インドのネルー、インドネシアのスカルノ、セイロンのバンダラナイケと非同盟運動を組織。

p.589　1958年、エジプトとシリア合邦し、アラブ連合共和国樹立。その三年後、シリアはクーデターで離脱。ナセルの威信傷つけた。

●アフガーニー → ハサン・アル・バンナー → サイイド・クトゥブ

p.590　反ナセル派

ムスリム同胞団…1952年エジプト革命の際、王制打倒を支援、しかしナセルに反対。
創設者**ハサン・アル・バンナー**…暗殺されていた。
代わって**サイイド・クトゥブ**（1926~66）…『道標』と題した、煽動的本を執筆。
アフガーニーの汎イスラーム的近代主義の急進的な再解釈——世界はイスラームの平和の領域と異教徒の暴力の領域に分かれているという理論的枠組みを復活させた。

p.592　1963年、ナセルは、イエメンを舞台にした代理戦争に介入。
前年のクーデターで部族王朝の大首長を追放したイエメンの社会主義政党に対する支持、軍派遣。
これに対し、サウジアラビアが王政派に資金と火器供給。ナセルは泥沼に。
1966.8 クトゥブを絞首刑に。アラブ世界の英雄ナセルは果てしない戦争の泥沼に、しかも相手がアラブ人だったのだ。そこにイスラエルによる六日間戦争が。

第17章　潮流の変化(1950~2001)

p.595　1967.6.5　イスラエルは、エジプト、ヨルダン、シリアを一斉に急襲。アラブ陣営の実態は、互いに非難の応酬に明け暮れる寄せ集め集団に過ぎなかった。

　六日間戦争（第3次中東戦争）はナセルの権威を失墜させた。世俗的近代主義とイスラーム社会派の混淆した「ナセル主義」も衰退。

ナセル失脚の真空地帯に、より危険なさまざまな潮流が流入。

p.597 六日間戦争1967年の帰結——PLO・バアス党・イスラーム主義

アラブ難民100万人以上に。この時点でパレスチナ人という共通のアイデンティティーを与え一つの「民族」にさせた。彼らは「国なき民」となった。

パレスチナ人の中からパレスチナ解放をめざすさまざまな集団が。

PLOは、そもそもアラブ諸国の協力推進のため、1945年アラブ7カ国が結成したアラブ連盟が、パレスチナ人を「管理」するために1964年に創った組織。

Ⅰ パレスチナ人、PLOを政府に準じるものとしてイスラエルとの長期戦にのりだした。——六日間戦争第1の帰結

ヤセル・アラファート（1929~2004）が新生PLOの議長に就任。

Ⅱ もう一つの世俗的アラブ民族主義運動、ミシェル・アフラク*がバアス党を創設。

＊ソルボンヌ大で学んだキリスト教徒（p.138）

シリアのアラブ社会党と合併して、アラブ・バアス社会主義党と改称。そのイデオロギーは国家を賛美する社会主義とアラブを崇拝する民族主義との結合。

「わが民族よ、工場と産業と爆弾を開発しなければいけない」のスローガン。
●イラク…1979年、サッダーム・フセイン〈1937~2006〉大統領に。
●シリアでもイラクでもバアス党、はじめのうち大衆からの支持を得る。

Ⅲ 最も不吉・陰悪な事態の前ぶれ

世俗的近代主義者は19世紀台頭したワッハーブ主義などとたたかってきたが、六日間戦争はその転機。

α　ワッハーブ派はすでにサウジアラビアというかれらの王国を築いていた。エジプトとアラブ世界の盟主の地位争う。→エジプト弱体化、サウジアラビアには二大聖都（マッカとマディーナ）がある。石油がある。アメリカ兵器がある。

- ワッハーブ派 … 伝道活動、宗教学校、モスク、慈善活動
- バアス党、シリア、イラク
- ムスリム同胞団、急進派、ザワーヒリー → ビン・ラーディン

　イスラーム世界でひそかに伝道活動を、宗教学校、モスク、イマーム任命、下層階級や、農村に手を差し伸べる慈善団体を組織。南はサハラ以南アフリカまで、東はアフガニスタン南部のパシュトゥーン居住地域から、パキスタンまで、ワッハーブ主義のイデオロギーが広がった。

> **p.600** β　ムスリム同胞団、ナセルが面目失うとムスリム同胞団優勢になった。多様な分派、急進的なものの一つが、アイマン・アル・ザワーヒリー創設のエジプトのジハード団。ザワーヒリーは亡命先でウサーマ・ビン・ラーディン（1957〜2011）を教育していた。
>
> 　クトゥブ→イデオローグの一部は、ジハードがイスラームの五つの柱、礼拝、巡礼、断食、喜捨、信仰告白とならぶ「六つ目の柱」、義務であると唱える。
>
> 　アフガニスタンでソ連とたたかったパレスチナ人アブドゥッラー・アッザームのごとき過激なイスラーム主義者たちは、さら進んでジハードへの参加は、ムスリムと非ムスリムを識別する唯一の方法と宣言。

p.601　六日間戦争（1967年）はPLOの本質を急進化させるとともに「パレスチナ化」させ、バアス党を、ムスリム同胞団を強化させ、これを母胎としてジハード主義掲げ、さまざまな分派を生じさせた。

　ジハード主義者、かつてない過激、狂信者、攻撃は残忍、テロリズムの実践。

▶ イラン　石油国化紛争

第2次大戦後、イランでは連合国が、ナチスと接触したという理由で大戦中に王を退位させていた（1941年）。

- イラン…1906年の憲法と議会復活させる舞台が整った。

　→世俗的近代主義者ムハマンド・モサデックを首相に選出。BP国有化宣言。これに対し、1953.8、CIA、クーデターを決行、レサーシャー・パフラヴィーの息子——日本では通称パーレビ国王を、王座につれもどした。

p.605 イスラームの中核地域のいたるところで、かつて植民地支配されていたあらゆる地域で、帝国主義の策動はいまだにつづき、大英帝国の衣鉢を継いだ米国がそれを主導している、という確信が根をおろした。

> p.608　産油国の変化が述べられている。
> 　国が管理運営する学校制度、発電所、超高層オフィスビル、国営航空会社創設…大規模開発事業。管理運営に従事する新しい社会層、テクノクラート、が生まれる。
> 　かれら給料を国家から支給され、国家は石油採掘して販売する外国企業からその金を得ていた。国家は依然として農民、牧畜業者、手工業者、商人などから税を徴収。これらはたいした額ではなかったが。
> 　「統治者倶楽部」とそれに参加しない者との分裂、「倶楽部」の部外者は相対的には貧しくなった。
> p.611　産油国に限らず社会の分裂が
> 　エジプト、アフガニスタン、パキスタンは、超大国から開発援助の名目で多額の資金流入（オイルマネーでないが）。

● イランではイスラーム社会主義者の抵抗運動は、モジャーヘディーネ・ハルク［イラン人民聖戦隊］と称する地下組織によって実行、1950年代のなかばから1979年イラン革命にいたるまで反国王闘争（イスラーム・マルクス主義者）。

　これと並行して、正統派ウラマーの主導した運動。アーヤットラー・ホメイニー（1902-1989）は、ワッハーブ派同様に、ムスリムが「真」のイスラームから逸脱してしまったと糾弾した。

> ◎なぜ世俗的近代主義の流れは凋落したのか。
> 　エンゲルス1894年「原始キリスト教史によせて」で述べている、アラブイスラム教徒、革命的闘争に立ち上るが、経済制度の変革はやらない。
> 　120年たった今、中東・アフリカの地では的中しているかのようだ。

p.616　世俗的近代主義者の凋落──イスラーム革命
1967年　六日間戦争

1973年　第4次アラブ・イスラエル戦争、エジプトのサダトが火ぶたきる。
イスラエルの軍事的勝利──アメリカからの大量の兵器供与あり。
このときOPEC（加盟12カ国中9カ国ムスリム国家）これまで政治的組織でなかったが、73年にイスラエル支持国へ石油の禁輸を宣言。

まもなくイスラーム世界の世俗的近代主義者凋落

- パキスタン…首相ブット（カリフォルニア大バークレー校など留学）は世俗的社会主義のパキスタン人民党を結成し、左翼的傾向の強い政策を次々と打ち出したが、77年イスラーム主義者ハック陸軍参謀長のクーデターにより絞首刑に。
- イラン…シャー、1979年失脚。世俗的左派勢力、イスラーム社会主義者、親ホメイニーのシーア派革命論者の連合だったが、ホメイニがずるく立ちまわって出しぬいた。

　　イランを同国正統的シーア派ウラマーの中でも最も保守的な宗教指導者の統治する「イスラーム共和国」に変えてしまった。
- アフガニスタン…1973共産主義者クーデター。1929年にナーディル・シャーが再興した王朝を打倒。79ソ連侵攻、直接統治に。

　　8年間続いた反ソ・ゲリラ戦、周辺から熱狂的イスラーム主義者をひきよせる。
　　アルジェリア世俗政権は、イスラーム救済戦線の非難にさらされた。
　　パレスチナでは、世俗的なPLOが、イスラーム組織ハマスのイデオローグに指導権をうばわれる。
- レバノン…イスラエルのレバノン侵攻の後、急進的なシーア派政党であるヒズボラがレバノンの南半分実効支配に。
- シリアとイラク…ムスリム同胞団が、バアス党と熾烈な闘争を繰り広げた。…両国のバアス党政権は弾圧したが、反政府運動、根絶できなかった。

　　バアス党政権のおそるべき残虐行為の一例、1982年、シリア、アサドが、ハマーというかなり大きな都市の住民のほとんどを殺した事例が。

p.625　● ソ連…アフガンから撤退→ソ連そのものがなくなった。

　　フランシス・フクヤマ──ソ連の崩壊は冷戦の終りのみならず歴史の終り。資本主義に立脚したリベラル民主主義が勝利──もはやいかなるイデオロギーもこれに挑戦できない。残されているのは周辺地域の小規模な残敵掃討だけ。終われば全世界は唯一の真理に向って進む、と。

『歴史の終焉と最後の人間 The End of History and the Last Man』
一方、ジハード主義者とワッハーブ派は、それとは全く異なる結論を引き出していた。

イランではイスラームが王政を倒し、米国を追放し、アフガンではムスリムが赤軍を破りソ連を崩壊させた。

最初のムスリム共同体は、神の御加護で当時の二超大国であるビザンツ帝国とサーサーン朝ペルシアを打ち破った。現代のムスリムも、二つの超大国と対決し、すでのその一つを打倒した。歴史は終わりではない。歴史は面白くなってきた。

西洋諸国にとっては冷戦終りはアフガニスタンを見捨ててよいということを意味していた。

サウジアラビアから流入するワッハーブ派の資金に支えられたジハード主義者たちは、タリバーンの勢力拡大を支援した。

終わりに

p.631 世俗的であることと西洋人であることは同義ではない

2001年 ニューヨーク市立大アンケート調査では、アメリカ人の81%は何らかの宗教を信仰し、その77%キリスト教徒。

狂信的グループの中でも有名なのは、1970年代以来米国で強大な影響力を振るっているプロテスタント系の保守的福音主義者。

9.11以降 米政府の戦略家たちは、風土的テロリストの行為を国民国家間の武力外交の枠組みにおさまるとの前提のもと政策を立案した。

かれらの背後にいる政府を——ブッシュ政権はテロの首謀者サッダーム・フセインと断定し、この国を征服し民主化すればテロリズムを根絶できるだろうと、…

p.634 タリバーンが逃げ去った後アフガニスタンでの選挙、筆者は現地調査した、…部族主義、「彼は私の一族の一員なので投票した」と。

p.636 一方から見れば性別にはかかわりなく市民の権利を拡大するためのキャンペーンと思えることが、他方から見れば、強力な他者が家族の私的な領域にわりこんできて、一族や部族のネットワークとして固有な共同体を維持していくという社会の能力をむしばんでいるように思える。

ムスリム思想家の罠

p.637 アメリカ在住のリベラルなムスリムが「ジハードとは単に『良い人間になるべく努力すること』を意味するに過ぎない」と述べ、この言葉を暴力とむすびつけるのは反ムスリムの偏狭な人間だけだ」と主張。

しかしかれらは、預言者ムハンマド自身の生涯にまでさかのぼる歴史の過程で、ムスリムにとってジハードが意味してきたものを無視している。

かれらは最初期のムスリムが「ジハード」の名のもと遂行してきた戦争について説明しなければならない。

従来のムスリム改革者は、例外なく自分は何か新しいことを提唱しているのではなく、本来意図されていたものを復活させようとしているだけと言明。

彼ら今でも、前進しようとしていることを否定し、原初の純正な状態に戻ろうとしているとし主張することを強いられている。

ムスリム思想家はこの罠から抜けださなければならないのだ。

p.639 私は多くのムスリム国家の女性たちが、抑圧されていることを否定するものではない。

ただイスラーム世界が具体化してきたことは、共同体の公的生活から性的衝動という要求を排除するために、社会を男性と女性の領域に分けて、両性が接する場を私的な領域に限るべきとする観念だった。

> ◎商人がラクダにのって長い間商売に出る。その間妻たちが貞操を守らなければならないとの、中世的奴隷制的しきたりにの残存にすぎないのでは？

最後に注意：p.642 イスラームをキリスト教・ユダヤ教・ヒンズー教・仏教などと同列に論じると、重大な誤解をまねく。まちがっているとまでいわない。イスラームもこれらと同様一つの宗教であり、倫理や道徳が神や宇宙や死すべき運命にかんする一連の信条と実践規範を内包している。だが、イスラームも同時に共産主義や議会制民主主義、ファシズムなどと同じカテゴリーに属するものとみなすことができる。

なぜならイスラームはこれらと同様に一つの社会事業であり、政治と経済の運営方法を規定する理念である。市民法と刑法の完全な体系でもあるからだ。

さらにイスラームは中国文明、インド文明、西洋文明などと同じカテゴリーに属するものとみなせる。芸術や哲学や建築や手工芸品 etc. 人間の文化的営み。　（終り）

理科学習表、第一学習社（1979年51版）年表より

生物学	1000年頃　アヴィセンナ（アラビア）—アウィケンナ（1037没）アラビア医学を大成。…「医学大全」12世紀ラテン語に、すくなくとも16世紀末までヨーロッパ医学教育に。
地学	900頃　アル・バッタニ（アラビア）…近地点の春分点に対する移動を発見。 1252　アル・フォンソ（アラビア）…星表の出版（欧州天文台の初光）。
物理学	1000頃　アル・ハーゼン（アラビア）—ハイサム（1039没）…光の反射に関する研究、「視覚の書」四次方程式の解法。
化学	702-705　ゲーベル（アラビア）…王水・硝酸銀・昇コウをつくり、蒸留法・灰吹法・ろ過法を考案（アラビア錬金術の確立）。
数学と天文学	アル・フワーリズミー…アルゴリズム、アラビア数字による十進記数法、のちに計算の手順。「代数」代数学の基礎を置いた。 インド人の著作を別とすれば、現代の十進記数法、アラビア数字として知っているものを使った最初の算数書。

＊上記の内容について、W・モンゴメリー・ワット『地中海世界のイスラム』参照。

1. 第1次世界大戦、第2次世界大戦をはさんで、なぜアジアでの反帝、民族解放闘争、めざましい成果をあげたのにたいして、

中東、北アフリカは、アジアと同時に反帝民族解放闘争各地でおこりさまざまな成果をあげはしたが、21世紀に、混迷を深める状況におちいっているのか。

- 十月社会主義革命の影響の受けとめ方の差異
- 反ファッショ戦　ソ連人民の役割
- 中国共産党、ベトナム共産党、インドネシア共産党 etc.
　　　　　　　　　　　　　　＝
　　　　　　　　　　　　スカルノ

2. 革命指導イデオロギー

　マルクス・レーニン主義、毛沢東主義、…に対して

▶三つの分岐

(1) 復古主義、純正イスラム復活
(2) 世俗的近代主義

(3) イスラム主義の近代主義
　(1)のワッハーブ、英帝国主義・米帝国主義に利用される。
　(2)(3)汎イスラム、汎アラブ、民族国家タイプ——英・仏が国境線を勝手にひいた。

3. ●英にとって中東

　　スエズ運河（英、仏）エジプト
　　イスラム聖地、アフガニスタン——インド支配
　　石油　イラン、イラク
　●米にとって中東
　　冷戦　トルコ、パキスタンの線
　　石油　イラン、イラク

米は中東全域支配のため、英に引き継ぎ、シオニスト支援し、イスラエル建国、莫大な軍事・経済援助、エジプト革命の分断。対イラン革命、イラン・イラク戦争、終わると湾岸戦争でアラブ諸国分断、スンニ派・シーア派対立に火をつける。

▶とくにオイルマネー
▶米の軍事援助、経済援助
英・米、第2次大戦後、アラブの民族解放運動をおしつぶすため、新たな装置をつくった。

4. タミム・アンサーリーの指摘、宗教としてのイスラムの特徴

●キリスト教、仏教とちがい、政治経済を運営する理念、民法、刑法の体系、部族主義からぬけ出られない。
●エンゲルスが提示した疑問——下層人民の革命的闘争は起こるが、社会、経済体制の変革へ進まない。
●歴史的誇りがある——かれらの前進を阻止する原因の一つに。
(1) 10世紀前後、おくれたヨーロッパ、キリスト教徒諸国に対し、ギリシアなどの哲学、科学をひきつぎ、部分的には発展させ、中世のヨーロッパに伝えた歴史あり。（ヘーゲルの哲学史、……）
(2) 創始者ムハンマド、戦争で領地拡大、そのときの二大超大国をうちやぶった。
　　——東ローマ帝国、サザン朝ペルシア帝国、20世紀後半～21世紀には、イラン革命で米を締め出し、アフガンでソ連の侵略とたたかい、撤退させ、滅亡に

おいやり、ビンラデン、米のニューヨーク・ウォール街、国防省、攻撃する。

バーナード・ルイス『イスラーム世界の二千年』 ノート2013.2

　大規模な広域奴隷売買は主としてイスラーム時代に始まった。中欧・東欧のスラブ人、ムスリム・スペインや北アフリカ奴隷人口の大部分、東欧、バルカン半島に進攻したオスマン・トルコ軍が、直接現地調達した。

　同時代、東欧のタタール人、ロシア、ポーランド、ウクライナの村々をおそった。イスタンブルに送られオスマン帝国のあちこちへ、18世紀後半までつづく。1783年ロシア。クリミア地方が合併したため終了、同年ロシア、ウクライナに農奴制を。

　ユーラシア草原のトルコ系民族、イスラーム時代初期より、奴隷に、黒海の北や中国モンゴル辺境にいたる地方で、軍事目的に使われた。トルコ系民族のイスラーム化によりこのルートは終わったが、新しい入手先、カフカス地方（グルジア）でグルジア人、チェルケス人。このルートも19世紀はじめロシアのカフカス征服で、断絶。

　もっとも長続きした奴隷は、サハラ以南の黒人奴隷、その大量輸入、ムスリム軍のアフリカ大陸への進行時代から、三つのルートあり、ヨーロッパ諸国の植民地化で stop。

別府正一郎『ルポ 終らない戦争』p.3〜4 ノート2014-1

バーレン国民70％シーア派、スンニ派30％ ハマド国王。
米海軍第5艦隊司令部——王族と良好な関係。
サウジ、バーレン王族の求めに応じ、サ軍によるバーレンのデモ隊の鎮圧、これに対し、米、問題視しなかった。
同じアメリカ、シリア内戦では、反アサド派市民を支持。
リビアでは、カダフィ大佐への軍事行動を支持、"二枚舌外交"。
米、イラクではシーア派のスンニ派攻撃を支持、バーレンではスンニ派のシーア派攻撃を支持。

マルクス世界市場について、「産業資本の流通過程を特徴づけるものは諸商品の由来の多方面的性格であり、世界市場としての市場の定在である。」

すでに発展しそれゆえ優勢な資本主義的生産様式の時代においては、流通部分 $G-<^A_{pm}$ では、pm（生産手段）構成諸商品の大部分は、それ自身機能している他人の商品資本であろう。

しかしこのことがあてはまるわけではない。その逆である。産業資本が貨幣として、あるいは商品資本として、きわめてさまざまな社会生産様式〔それが同時に商品生産であるかぎり〕の商品流通と交錯をする。

奴隷制にもとづく生産の商品であろうと、農民たち（中国人、インドのライヤト）、または共同体（オランダ領インド）、国営生産（ロシア史に現われた農奴制にもとづくそれ）、半未開の狩猟民族などの生産物であろうと、それらは、産業資本のとる形態である。

貨幣または商品に対して、商品または貨幣として相対し、産業資本の循環のなかにも、商品資本によって担われる剰余価値の循環にも——この剰余価値の収入として支出される限り入りこむ。

したがって商業資本の流通過程を特徴づけるのは、諸商品の由来の多方面的な性格であり、世界市場として市場の定在である。

他国の商品についていえることは、他国の貨幣についてもいえる。商品資本が、他国の貨幣にたいして商品としてのみ機能するのと同様に、この他国の貨幣も、この商品資本にたいして貨幣としてのみ機能する。貨幣はここでは世界貨幣として機能する」（『資本論』訳Ⅱ p.174、S.113）

マルクスの世界市場としての定在は、20世紀初頭列強が、植民地、半植民地、勢力圏の獲得にのり出したときの世界市場の定在を特徴づけている。諸民族集団の多様性——原始共同体、奴隷制、農奴制、さまざまな部族社会、宗教的宗派的結合の多様性…列強はしばしば、古い形態をそのまま残存させ、あるいは、少数派部族を上位にとりあげて、みずからの支配の壁をつくるなど——要するに、分割して統治せよにより、これらの差異、対立を固定化、または、激しくするようにしてきた。

『経済学をいかに学ぶか』第9章　p.297

　マルクスは、資本主義的世界貿易が中国人、インド人、アラビア人などの諸民族にあたえた最初の作用について、それは「さしあたり外見上は生産様式そのものを侵害することなしに、生産物の販売を主要な関心事にする」ことであったと指摘（『資本論』、訳Ⅱ p.63、S.41）

　それと比べて、ヨーロッパ諸国が、16-19世紀の三角貿易時代にアフリカ住民社会にあたえた「最初の作用」とは何であったか？　それは「生産物の販売を主要な関心事にする」ことではなくて「アフリカ人の奴隷の販売を主要な関心事にする」ことであった。

　「生産物の販売を主要な関心事にする」ことであれば、それはその社会の生産発展への何らかの刺激があるだろう。しかし、「奴隷の販売を主要な関心事にする」ことは、アフリカの大地で、止めどもなく、奴隷狩り戦争がくりひろげられることであり、マルクスの指摘したように、「アフリカの商業的黒人狩猟場への転化」（同上Ib p.1280、S.779）を意味する。

大野元裕『「今の中東」がわかる本』三笠書房　　　　2010-1ノート

- p.133〜　20世紀のはじめから中東イスラーム圏で多くの疑問が：なぜ数世紀前まで中東より低い文化世界であったヨーロッパにイスラーム世界が従属しなければならないのか？

三つの答（イスラーム側の）

① 西欧的民主主義　イスラームより西欧の近代化に価値を見出す考え方、トルコ、エジプト、イラクなど。

② イスラム原理主義　より正しいイスラームの実態が不足している。エジプトのマナール（灯台）学派のような思想運動「原理主義者」とよばれる。

③ 力を求める。われわれは今も正しいが、強くないゆえに問題に直面した。アラブ民族主義と融合、帝国主義のもと分断されたアラブ・イスラーム諸国の協調、連けいを主張、力による闘い。

ソ連崩壊まで、中東の多くの国のインテリ主流、社会主義者、アラブのみならずクルドのようなマイノリティも社会主義に傾倒。

ポスト冷戦の強烈な洗礼を浴び、アラブ諸国は活動と思想の柱を失ってしまった。アラブのアイデンティティの喪失、大衆の無力感。

さらにアラブ政府の対米接近。

エジプトのマナール学派や同胞団の台頭にみられるイスラーム復興の流れが。中東各国で社会主義信奉のインテリ層、イスラーム主義へ転向。

池上彰「日経」15.11.23

フランスに中東や北アフリカの若者が多く住み、テロリストを生み出す背景には、かつてフランスが中東やアフリカを植民地支配していた歴史がある。

植民地地域から大勢の人が本国フランスに移りすみ、フランスはかれらに同化政策でのぞんだ。しかし、移民の子どもたちを社会は包摂できず、差別と貧困→移民2世、3世が過激思想に傾倒する、そんな構図が見えてくる。歴史が現在の問題をひきおこした。

米国の同時多発テロは、湾岸戦争で米軍がサウジアラビアに駐留することに反対する国際テロ組織アルカイダのウサマ・ビンラディンが反米主義者となり命令したこと。米国は自ら育成したアルカイダにより攻撃をうけた。

ブッシュが"テロとの戦い"と称しイラク攻撃、フセイン政権を支えてきたテクノクラートをバース党員という理由で全員追放。このテクノクラートがおよそ800万人の住民を統治するISを行政面で支えている。

ブッシュの攻撃が、ISを生み出した。

イスラム教徒への差別が激しくなれば、移民の3世、4世が社会に絶望、次世代のテロリストを生み出す。

これを何とか防がねば。それは空爆でできることではない。"大すじ正論"

英、米が中東アラブ圏内に、旧約聖書のころからもはや存在しなくなったユダヤ人国を、パレスチナアラブ人を力で追い出して、移植することを支援したこと。その正当性を欠く程度からいえば、ISのイスラム国づくりの口実——英国が第1次大戦オスマントルコとたたかうことでアラブ人に約束したこと——とならぶのでは?

中東年表

1944	米・英の中東石油分割協定調印
1947	トルーマンの冷戦宣言の同日、米ニュージャージー、ソコニーが加わりアラムコ4社体制
1948	イスラエル建国　第1次中東戦争
1950年代	仏、対イスラエル　ディモナ原発と武器供与
1952	ナセル、エジプト革命
1953	イラン、モサデク政権、アングロイランアン国有化 米、英はクーデターでモサデク打倒、石油とりもどす
1956	エジプト、ナセル、スエズ国有。 英、仏、イスラエルの軍事進行に対し、米・ソ止める …米の中東での主導権
1964	PLO
1967	六日間戦争　第3次中東戦争 国連安保理決議（67.11）242号…集団としてのアラブ人の敗北 パレスチナ人自ら解放をかちとらなければならなくなった

パレスチナのユダヤ人はイスラエル人として民族的アンデンティティーをえた。パレスチナのアラブ人はイスラエル国家創設のさい、故郷に残った少数者の「イスラエルのアラブ人」か、隣接するアラブ諸国の戦闘から逃れてきた「アラブ難民」のいずれかに。

「決議242号」は、イスラエルがパレスチナに残されたわずかな領土をエジプトがヨルダンの信託統治に戻すことで（"領土と平和の交換"）かつてパレスチナと知られた国は地図上から消され、パレスチナでは、アラブ人にとって国家はなくなることに

　　パレスチナ・アラブ人20年にわたり統一したアラブ人の行動によって、失った郷土の解放につながる希望をいだいた。1967年集団としてアラブ人の敗北は、パレスチナ人ナショナリストに自分たち自身で事に当たらねばならないことを知らされた。

1972	イラク・フセイン　英、仏、米の石油国有化、ただし仏は別枠に。
1973	第4次中東戦争 → 第1次石油危機 キッシンジャーは、対サウジ戦争でおどし、対米石油供給をつづけさせる 米、英にも対サウジ、クウェート、アブダビ軍事進行で共同歩調とること申し入れ
1974	アラブ内部会議でアラファト、ヨルダン国王を破り、PLOがパレスチナ人民の唯一の合法代表となる。パレスチナ領土のどこかで民族自治政府設立の権利再確認（10.29アラブ国家元首会議）
1976	仏、対イラク核開発援助
1973—78	石油収入　サウジ、43.5億ドル→360億ドル

	イラク、18億ドル→236億ドル
	国家元首は、国民に福祉、補助金をあたえる"主人"に、部族連合が利益誘導組織に。
	サッダーム政権下イラク軍、公社ふくめ人口の6割以上公務員に——政権が富を分配する手段
1979	米、エジプト、イスラエル、キャンプ・デービッド合意
	米国両国にばく大な軍事、経済援助漬けに。
	イラン革命第2次石油危機
12	ソ連、アフガニスタン進攻、(1979.12—89.2)
	米、ソ連にベトナム戦の体験をやらせるよう、パキスタンを通じ、アフガニスタンのムジャヒデイン（イスラム教徒ゲリラ）へ兵器提供
1980	米、仏、フセインをけしかけイラン・イラク戦争（1980~1988）
	米は、共倒れをねらう。レーガン、ラムズフェルドを特使としてバグダッドに
1982	イスラエル、レバノン侵攻
1990	イラク、クウェート侵攻。イ・イ戦後も100万の正規軍を縮小し、退役兵、社会に吸収すること困難に。
1991	湾岸戦争、米英仏共同行動協定（1950）をベースに、
	国連がイラクに経済制裁、一時期インフレ率6万5000%（650倍）イラクには孤児院がなく、部族単位で、引きとってきた。このような孤児たちは預けられた家族の許をはなれる。→テロリストが容易にリクルートできる人材供給源に化した。日本ペルシャ湾での機雷掃海
1996.9	タリバン、首都カブール制圧
2001.9	米同時多発テロ
10	米軍などアフガン空爆
12	タリバン政権崩壊
2002.6	アフガン移行政権発足
2003	ブッシュのイラク戦争、フセイン政権崩壊
	日本の自衛隊イラク多国籍軍参加
	インド洋における補給支援活動、
	シーレーン海賊対処海自、ジプチに基地建設。
2004.12	カルザイ大統領就任
2011.5	米パキスタンでビンラディン殺害
7	米軍撤収開始
2011	「アラブの春」始まる
2014.9	アフガニスタンでは、ガニ大統領就任
2014.12	米軍戦闘任務完了

対談：黒木英充、栗田禎子　シリア難民問題を考える。『経済』2016-2

黒木　マスラ戦線もシリア少数派ドルーズ派住民を虐殺したから、ISと同様なもので、シリア国内の少数派住民はパニックになった。

栗田　シリア難民がクローズアップされているが、アフガニスタン、イラク、リビア、etc. からの難民も多い。2001年以来「テロとのたたかい」を名目とする米主導の戦争の結果、国家が丸ごとつぶされてしまったような国々が中東、アフリカにふえているという事情がある。

黒木　シリアのアサド政権を倒すことでは、湾岸諸国も欧米諸国も利害が一致。バーレーンでデモおきたときサウジ軍派遣、弾圧。それでもこの機会にアサド政権を倒そうとしたのは仏や英の意向もあったから。
オバマも仏英にひきづられた。その後　トルコのエルドリアンもアサド辞任要求。

栗田　湾岸諸国は非民主的反動的政権。「アラブの春」の中東の民主化運動を警戒し、押さえ込もうとした。そこで、シリアで反体制派に武器援助・財政援助をして"内戦化"させ、中東の革命機運をつぶそうとした。

黒木　今回、反体制派支援した周辺国の思惑は、イラン＝シリア＝ヒズボラの"シーア派枢軸"に打撃を与えるための中心のシリアの政権をすげかえるねらいが。
　シリアは、レバノン内戦（1975~1990）に介入、内戦終結後も軍を駐留しつづける。ヒズボラを支援し、戦後レバノンへの介入の窓口とした。

栗田　アメリカによる軍事介入と占領支配の過程で"宗派対立"がつくり出された面がある。

黒木　宗教・宗派が多様な中東ではお互いにその違いを正面から問題にしない大人の関係が築かれてきた。宗教の違いを政治的利害に結びつけて問題にしてしまえば、寅さんではないが"それを言っちゃおしめえよ"ということ。
アサド政権は父ハーフェズの時代、1982年ムスリム同胞団を大弾圧、シリア中部ハマーでムスリム同胞団が決起したとき、数日間で2万数千人を殺害。
欧米による本格的な軍事介入の危機は2013年化学兵器使用事件のとき。もっとも強硬——仏。英は議会で介入否決、オバマもふみきれなかった。ロシア、ラブロフ外相、米ケリー国務長官会合で、アサド政権、国際化学兵器条約に調印して、廃棄することで決着をつけた。
　軍事介入強くのぞんだのがサウジ、トルコ、フランスで、米英が抜けるにあたっ

て、ロシアが重要な役割を。

栗田　エジプト、13年6月末の国民的大運動でムルシ政権崩壊。前政権はアラブ連盟でシリアへの軍事介入に強く反対した。

　イランも、穏健派ロウハニ政権　市民の支持を背景に　中東域内の力関係変える役割。サウジやトルコのように戦争に突入しようとする動きを牽制。

黒木　シリア内戦で見えてきたこと。もはやアメリカ中心で動かす力はなく、サウジなどにふりまわされている。

　オランド大統領の武器商人という性格もある。仏、反体制派に供与する武器をサウジに金を出させて買わせている。それがトルコ国境から入っていく。

栗田　リビアでも2011年NATO諸国、カダフィ政権とたたかうイスラム主義勢力を支援。自らも空爆、リビア政権崩壊させた。その結果、イスラム主義武装勢力が力をもった。

　当初、民主化運動として始った動き、内戦へ転化、その過程で欧米、イスラム主義勢力を大いに利用した。

　エジプトでも、欧米諸国はムスリム同胞団支援、2012、13年　ムルシ政権を支持してきた。

　ISをやっつける有志連合、日本政府も資金面で参加した。ISの台頭は、2013年シリア介入を、一旦は断念した諸国が再び介入の口実づくりの材料に。

栗田　"難民問題　解決のため　シリア問題の解決が必要"との論法でシリア介入を再活性化しようとする現象も出てきている。

　10月23日からロシアのイニシアで　ウィーンで欧米、湾岸アラブ、トルコ、イランも加わり、シリア問題交渉が。

黒木　ロシアの方がシリア状況よくわかる。またアサド政権を操作できる。ロシアにはコーカサス地方のチェチェン人、中核地域のタタール人はじめイスラム教徒多数、その扱いについて歴史的経験の蓄積が…

　トルコのエルドリアン大統領は、クルド人対策とアサド退陣の二つを最優先課題にする以上、ISがその間隙で生きのこる。トルコがカギをにぎっていると思う。

栗田　中東でイランの存在感・外交力　高まっている。"シーア派のイラン"という意味ではなく、困難の中、市民の力が政府を動かしつつある国ならではの存在感という意味で。チュニジア、エジプトも。

安倍、武器輸出の方向、並行してイスラエルとの治安面での協力をすすめる──イスラエルと組むのは最悪。

後記

栗田　──パリ事件で、オランド大統領　対IS宣戦布告、シリア爆撃を本格化──ISのまさにのぞむところだろう。より大きな「十字軍」を相手に戦うから。

イラク戦争前にシラク大統領がもちあわせていたフランスの外交的思慮は露消した。

トルコ政府の危険な冒険主義、それを支えるしかないNATO諸国のロシア対決姿勢。

シリア内戦はいぜん迷路の中。

私たち、緩慢な第三次世界大戦に突入するのはさけられないように見える。

いわゆるISの台頭は、米主導のイラク戦争・占領や、2011年以降。欧米諸国「アラブの春」以後の中東の革命状況を撹乱するためシリア等に介入し"イスラム主義"勢力を支援したことに起因。

「テロ」と「戦争」の支え合い──戦争を起こすことに利益を見出す勢力は"テロリスト"を育て、「テロ」を口実にまた新たな戦争をおこすという口実がくっきりみえてくる。

いかなる口実であろうも、「テロ」を許さず、戦争に向かおうとする動きに警鐘を鳴らし、中東の問題は中東の人のイニシアティブで主権を尊重する形で、地域内部から解決されるべきだ。（終わり）

◎地域限定型世界戦争になっている。

かつてコンゴが"アフリカの世界大戦"といわれた時、──1966~2002　死者250万人（ダン・スミス）──チャド、スーダン、ウガンダ、ルワンダ、ブルンジ、ジンバブエ、ナミビア、アンゴラ　周辺8か国軍が攻めこんだ。

しかし今日、シリア、イラクでは…米、仏、英…その他NATOの諸国（日本も資金面で）／ロシア、サウジ、湾岸諸国／トルコ／イラン。

イラン対サウジ、ロシア対トルコ、トルコ対クルドの対立が。

21世紀世界経済危機、ヨーロッパ危機、もと植民地から移民2世、3世→高失業率。

▶つけくわえておくこと。ブッシュの戦争からのことにくわえて、第1次世界大戦時の英国の三枚舌外交、第2次世界大戦時、戦後にかけてサウジに、トルコに、イスラエルに、エジプトに、拠点を築いてきたアメリカ帝国主義。

酒井啓子　〈中東〉の考え方　2010

アメリカの政権とイスラエルのロジック

ブッシュ「テロリストをかくまうものはテロリストだ」　イスラエル「パレスチナ自治政府はテロリストをかくまっているから攻撃対象となる。」

もうひとつ「対テロ戦」、イスラエルと酷似して「脅威になる可能性のある政府を外からひっくりかえす」というロジック(p.116-118)。

SLAVERY　　Benjamin Whitaker 1966 Sub-Commission への提出文書

国連　ニューヨーク

第4章●奴隷制および奴隷制類似の慣行の今日的あらわれ

- A　アパルトヘイト
- B　植民地主義
- C　女性への奴隷制類似の慣行
- D　借金奴隷
- E　児童労働の搾取
- F　強制労働
- G　季節労働者の不正取引き
- H　麻薬常習者の搾取
- J　伝統的奴隷制　その他　重大なケース

75. 1966年ごろ、サハラ以南の民族学権威、ドイツの Tillion によれば、世俗的およびイスラームの法で奴隷制禁止としていながら、8か国で広く実行されており、また大目にみられている。

このことは今日では通用しない。新しく独立した政府により、奴隷制をなくす行動がとられたから。

モーリタリアでは、1960年独立（フランスからの）のさいの奴隷制の廃止。1980年7月6日の法制化にかかわらず、約10万人の奴隷が推定され、人口外には約100万人が、その他30万人の半奴隷、以前の奴隷がおり、きびしい人種差別

をうけている。

モントゴメリー Montgomery（国連　この分野の専門家）は、貧困からとくに農村ではと以前の奴隷たちが、前の主人とのなかば独立状態をつづけてとる。

78. 赤道ギニアでは、以前、奴隷制の事実上の制度が発見された。
79. いくつかの地域から、伝統的奴隷制の存続がつたえられている。

ベナン、ナイジェリア、フィリピンの農業労働者、インドの採石場やレンガ焼工場での借金のかたにとられた労働者、パラグアイ、西アフリカ…

第2部●国のレベルでの奴隷制分野でとられた行動

▶第1章

83. 国際的に奴隷制と奴隷貿易問題が理解されるようになったのは19世紀のはじめ。

個々の国として、デンマーク1784年奴隷貿易禁止。フランスがつづき1794年。英国1807年、ロシア農奴制廃止1861年、米国奴隷解放1865年、ブラジル1888年、エチオピア漸次的に消滅させる1924年。これらは個々の行動。
84. 国際会議。1926年9月25日　ジュネーブで署名された奴隷制会議、奴隷制など（類似したもの）に対する制度と実行1956年。
85. 1982年半ば　国連97メンバー国が1956年会議を批准。
90. ある国にはイスラムの習慣（シャリーア Shariah）*にもとづき法律制定することにした。「イスラムの法律は奴隷の禁止、奴隷貿易の禁止の多くの例をあげている」と（クウェートの回答　1981　6.24）

*イスラーム法はシャリーアとよばれる。「道」という意味（後藤明 p.71）

第3部●奴隷制分野で国際的レベルでとられた行動

▶第1章　国連

118. 国連憲章　第1章　パラグラフ3　間接的ながらこの問題をとりあげている。
119. 1948年12月　人権宣言　奴隷・労役・奴隷貿易やってはならない。
121. 国際連盟　1922年とりあげている。
122. (a)連盟は奴隷制の法的禁止をアフガニスタン1923年、イラク1924年、ネパー

ル1926年、トランスヨルダン・ペルシア1929年にたしかめた。

W・モンゴメリー・ワット『地中海世界のイスラム』

「イラク、シリア、エジプトが7世紀にアラブ人に征服されたとき、ギリシャ的科学と哲学はいくつかの町を中心として研究されていた。エジプトのアレクサンドリアに有名な学派があり、シリアに移ったあと、900年ごろバクダードに移動し、この派の人びとはキリスト教徒であったが、哲学上の議論に全面的に加わった。

北方メソポタミアのハッラーンにはサービア派で知られる哲学宗派がいたが、これまた、バクダッドにひかれていった。もっとも重要な中心地はゴンデシャープールのネストリウス派キリスト教徒の大学で、医学教育で有名。この大学からハールーン・アブラシードや後継者たちの侍医がその後100年にわたって輩出した。

イスラム教徒はギリシャ科学から学ぶことに気付いて、そのおもな業績が、ゴンデシャープールその他での教育用語であるシリア語からアラビア語に訳されるよう手配した。

8世紀、2・3の翻訳が、本格的にはアル・マアムーン（813-33年）の治世にようやくはじまった。かれはこの目的のため「知恵の館」を設けた。このとき以降、10世紀後半まで翻訳の大洪水がつづく。すべての利用可能なギリシャ語著作が訳される。初期の翻訳がシリア語から、時とともにギリシャ語からアラビア語へ直接訳がおこなわれるようになった。この方法、ヒーラ生まれのネストリウス派のキリスト教徒フナイン・イブン・イスハーク（809-73）のおかげ。

アラブ人が興味をもったのは医学と天文学。

アル・ファーリズミー（アルゴリズムとして知られている）数学と天文学、「代数」本のタイトル（アル・ジャブル　原義は"力"）インド人の著作を別にすれば、現在の十進記数法、アラビア数学を使った算数書、平方根を求める。

『地中海世界のイスラム』p.56からp.75

酒井啓子『中東の考え方』2010

ユージン・ローガン『アラブ500年史』2009、訳は2013

```
p.158      70年代前半　エチオピア、ソマリア、ともに社会主義化、ソ連と友好関係
                              ↓
ソマリアと西側  ┌ソマリア―エチオピア…領土関係で衝突、70年代後半から
結びつけたのが  │    ‖           ‖        10年間たたかい
サウジ      └アメリカ        ソ連
```

当時アフリカで、フランスの諜報機関:反ソ活動、仏主導で1976年反共組織「サファリ・クラブ」――モロッコ・エジプト・イラン・サウジが核に。
エジプト・モロッコに武器と人を集め　サウジが資金提供。

　後にアフガンで米がパキスタン・サウジと行うことと同じやり方がすでに「サファリ・クラブ」で。

● アンゴラ（共産主義台頭）に対抗して、ザイール支援。
● 「サファリ」のメンバーのエジプトとサウジがソマリア支援（70年代半ばまでソ連の武器買っていたソマリア、ソ連と手を切るかわりに武器提供。共産主義エチオピアとの代理戦争）
　→オガデン戦争でソマリア内部抗争、アフガンからソ連の撤退　1989年　オガデン戦争終わり、ソマリア全土をにぎる政権不在に。
● ソマリアへの武力介入（アメリカ1993年　米兵死亡撤退→イスラーム主義勢力の台頭
　→2006年　国土大半にぎる政権生まれ、イスラーム主義の成立。
● アフガニスタンでタリバーンによるイスラム国家と似る。
● 1983　ベイルート駐留米海兵隊　ヒズブツラーの自爆攻撃うける。
　　　　米兵死者241名　→　ベイルート撤退
　　　　ヒズブツラー　日本のカミカゼ特攻隊から学ぶ。

1987.5 a.k 表から　冷戦期に

(1) IISS Military Balance 1986-87, 1987-88
(2) Lamberts' Worldwide Directory of D.A. 1984
(3) Defence 81.9、82.9、83.9、84.9
(4) 米国防省調査　85、86、87

1	アフガニスタン	(ソ)	ソ軍	
2	アルジェリア		ソ軍アクセス	(仏)
3	アンゴラ		ソ軍アクセス	キューバ5000
4	エチオピア	(ソ)	ソ軍	キューバ5000
5	ガーナ	(ソ)		
6	ギニア	(ソ)	ソ軍アクセス	
7	ギニアビサオ	(ソ)	ソ軍アクセス	
8	インド	(ソ)		
9	イラク	(ソ)	ソ軍アクセス	
10	マダガスカル		ソ軍アクセス	(仏)
11	マリ	(ソ)		
12	モーリシャス		ソ軍アクセス	
13	モザンビーク	(ソ)	ソ軍アクセス	
14	ナイジェリア	(ソ)		
15	ソマリア	(ソ)		
16	シリア	(ソ)	ソ軍アクセス	
17	チュニジア		ソ軍アクセス	
18	ウガンダ	(ソ)		
19	イエメン	(ソ)		
20	イエメンDEM	(ソ)	ソ軍アクセス	
21	ザンビア	(ソ)		
22	キューバ			
23	ベトナム			

(注)
(ソ)はソ連
軍事援助、軍事条約など

中東情勢を見るために

表●世界貿易構造

	先進国	東、東南アジア	ラテン・アメリカ カリブ	中東、北アフリカ	サブサハラアフリカ
		1985　2000	1985　2000	1985　2000	1985　2000
一次産品	38.0→40.4	10.4→9.5	12.5→13.2	21.4→20.9	5.4→4.3
資源関連工業	68.7→68.2	8.4→11.7	7.0→6.5	4.9→3.9	1.7→1.3
非資源関連工業	81.9→66.8	10.8→22.6	2.6→4.6	0.8→1.1	0.4→0.2
うち高技術	83.2→63.4	10.9→29.1	2.1→3.6	0.3→0.3	0.3→0.1

(UNCTAD WIR 2002、 工藤『資本主義経済の変容と経済危機』2009年　p.81)

ロバート・ゲスト『アフリカ　苦悩する大陸』2008年 東洋経済　　2008-1 ノート

ルワンダの大虐殺〔p.120〜〕たとえばルワンダとブルンジ、第一次世界大戦まで20年ドイツの植民地、その後ベルギーの手に。ベルギー人植民地主義者、フツ族とツチ族大きく異なる部族だと考えた。

ツチ族、北方ナイル流域からきた部族だろう、先住民フツ族よりも知的に支配階級にふさわしい「素質」ありと考えた。

各地の村長をフツ族からツチ族にすげかえ、ツチ族がフツ族から土地をうばっても見て見ぬふりをした。

学校へはツチ族を優先的に入学させ、フツ族は土木工場、植林などの労働を強制し、冷酷なツチ族の監督官をつけることが多かった。

ベルギー人、部族別の身分証明書導入した。どちらかわからぬとき、牛を数えた。10頭以上所有ツチ族、それ以下フツ族。

ヨーロッパ植民地主義者のこうした政策により、第一にフツ族は、ツチ族に憎悪をいだくようになった。第二にどちらの部族も互いに全く異なる部族であるとの迷信を信じるようになった。ツチ族の者は「優秀」な部族であると思い、フツ族の人たちはツチ族全員を「封建的搾取者」と見なすようになった。

1960年、ルワンダ、ベルギー人が置き土産にした選挙、フツ族やすやすと勝利。

1973年、フツ族ジュベナール・ハビャリマナ少将実権を。警察国家に。大統領、徹底してツチ族を公職から排除。

1990年まで60万〜70万人が国外へ脱出、90年10月亡命ツチ族の一部、"ルワンダ愛国戦線"（RPF）結成、ルワンダに進攻し撃退された。その後4年戦闘。

その間、ルワンダ政府に武器を供給しつづけたのはフランス。フランスの要請をうけてハビャリマナ大統領は、RPF相手に和平交渉。1994年4月6日暗殺された。大統領機にミサイル。撃墜されてから45分後には民兵団＊インテラハムウェ（Intera hamwe）が議会周辺道路をふさぎ、またたくまに殺戮が。

民族大虐殺はあらかじめ仕組まれていた。

世界はほとんど手をさしのべなかった。ツチ族の反政府軍RPFの勝利に終わる。虐殺者はザイールへ逃亡。100万人近いフツ族市民もついていった。

＊90年代前半、軍の将校たち武器をヨコ流ししていた。

研究ノート、作業方針について（編集部）

文献引用と著者の見解とが記されているノート原本の印象をできるだけ保ちながら、複雑な部分は、ある程度統一した。

❶ 一つの項（まとまり）のテーマをタイトルに。＋ それが書かれた年-月
　➡例）本書120ページの19行目　**アリストテレス『生成消滅論』ノート2010-2**

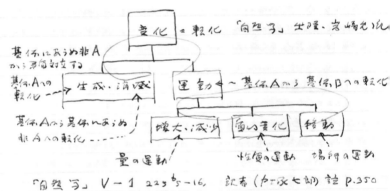

❸ 下線を引き、強調されている部分は随時ゴシック体に。

❹ ほかに、強調されている部分は文頭に◎（ノート原本と同じ表現
　➡本書84ページの10行目など）で表わす。

❺ 手書き書体の短文は感想的なもの。

❻ 研究ノート本文に登場するページ数は付近記載の引用文献内のもの。

研究ノート原本　※本書 120〜121ページと対応

2010-2
● 同上ノート(p110～)

エンゲルスの弁証法はかなり単純化があるようだ。
弁証法
自然および人間社会の発展の

量から質への転化の法則
対立物の相互浸透の法則
否定の否定の法則

❷ 文献引用、著者の見解に関わらず
囲まれて強調されている部分は
アミ掛けに。
→本書121ページの21行目～p.122の14行目

これら三法則はヘーゲルによって彼の観念論の体系にしかかっ
たんなる思考法則として展開されている。
 第1の法則は「有論」のなかで
 第2の法則は「本質論」の❷ 全体 として
 第3の法則は 全体系の構築のための根本法則の役割を演
じている。
 誤謬は これらの法則が思考法則として 自然と歴史とに 天下りに
あてつけられている。自然と歴史とのうみでは 生まれていない事に
ある。(「自然弁証法」全集20 p379)

これに対して レーニン「哲学ノート」 上巻
「ヘーゲルは すべての 概念の変移、相互依存性のうちに、それら
の対立の同一性のうちに、ある概念の他の概念への移行のうちに、
概念の不断の変移、不断の運動のうちに、事物、自然のように、
そのような関係を 天才的に推測した。」
     まさに 推測したので あって、それ以上ではない。
(P179)

「論理学は 認識にかんする理論である。すなわち認識論で
ある。認識は人間による自然の反映です。しかしそれは 単純、
直接的な、全体的な反映ではなくて、一連の抽象からなる過程で

著者略歴

工藤　晃（くどう・あきら）
1926年生まれ。東京大学理学部地質学科卒業。元衆議院議員。

主な著書
『転機に立つ日本経済』（1971年、新日本出版社）
『民主連合政府で日本はこうなる』（共編著、1974年、新日本出版社）
『日本経済と環境問題』（1975年、大月書店）
『社会科学と自然科学の方法』（共著、1977年、大月書店）
『帝国主義の新しい展開』（1988年、新日本出版社）
『日本独占資本主義の現段階を見る』（1986年、新日本出版社）
『資本主義はどう変わるか』（1992年、新日本出版社）
『混迷の日本経済を考える』（1996年、新日本出版社）
『現代帝国主義研究』（1998年、新日本出版社）［第24回野呂栄太郎賞受賞］
『マルクスは信用問題について何を論じたか』（2002年、新日本出版社）
『経済学をいかに学ぶか』（2006年、新日本出版社）
『エコノミスト、歴史を読み解く』（2002年、新日本出版社）
『資本主義の変容と経済危機』（2009年、新日本出版社）
『マルクス「資本論」とアリストテレス、ヘーゲル』（2011年、新日本出版社）
『現代帝国主義と日米関係』（2013年、新日本出版社）
『今日の世界資本主義と「資本論」の視点』（2014年、本の泉社）

責任編集

宮川　彰（みやかわ・あきら）
1948年生まれ。東京大学大学院経済学研究科博士課程修了。経済学博士。首都大学東京名誉教授。

主な著作

『再生産論の基礎構造――理論発展史的接近――』(1993年、八朔社)

『ドイツ、統一された祖国――ハンス・モドロウ元東独首相回想録』(1994年、八朔社、監訳著)

『新MEGA第Ⅱ部（『資本論』および準備労作）関連内外研究文献・マルクス／エンゲルス著作邦訳史集成』(1999年、八朔社、共編著)

『マルクス《経済学批判》への序言・序説』〈科学的社会主義の古典選書〉(2001年、新日本出版社)

『「資本論」第2・3巻を読む』上・下、(2001年、学習の友社)

『「資本論」第1巻を学ぶ　宮川彰講義録』(2006年、ほっとブックス新栄)

『「資本論」で読み解く　現代の貧富の格差』(2006年、ほっとブックス新栄)

『「学説史」から始める経済学』(2009年、八朔社、共編著)

『マルクスで読み解く　労働とはなにか資本とはなにか』(2010年、ほっとブックス新栄)

「『資本論』第2部について――スミス・ドグマ批判によるマルクス再生産論の形成――」(2014年7月、経済理論学会編『季刊 経済理論』第51巻第2号)

マルクス『資本論』の視点で
21世紀世界経済危機の深部を探る

2017年1月5日　第1刷発行

著　者	工藤晃
編集責任	宮川彰

発行者	竹村 正治
発行所	株式会社 かもがわ出版
	〒602-8119　京都市上京区堀川通出水西入
	TEL 075-432-2868　　FAX 075-432-2869
	振替 01010-5-12436
	http://www.kamogawa.co.jp

印刷所　新日本プロセス株式会社

ⒸKUDO AKIRA, MIYAKAWA AKIRA 2016
ISBN978-4-7803-0898-3　C3033　Printed in JAPAN